deutsch üben

Julika Betz / Ann

Deutsch für Besserwisser B1

Typische Fehler verstehen und vermeiden

Hueber Verlag

| 4. | 3. | 2. | | | Die letzten Ziffern |
| 2020 | 19 | 18 | 17 | 16 | bezeichnen Zahl und Jahr des Druckes. |

Alle Drucke dieser Auflage können, da unverändert,
nebeneinander benutzt werden.
1. Auflage
© 2016 Hueber Verlag GmbH & Co. KG, München, Deutschland
Umschlaggestaltung: creative partners gmbh, München
Umschlagfoto: © fotolia/yuryimaging
Zeichnungen: Irmtraud Guhe, München
Layout und Satz: Sieveking · Agentur für Kommunikation, München
Verlagsredaktion: Hans Hillreiner, Hueber Verlag, München
Druck und Bindung: Firmengruppe APPL, aprinta druck GmbH, Wemding
Printed in Germany
ISBN 978–3–19–027499–4

Art. 530_19985_001_02

Inhalt

Vorwort   6

Teil 1: Verben   7

A.   Vergangenheit und Zukunft 8
A.1.   Präteritum 8
Ü1   Erinnerungen 8
Ü2   Polizeibericht über einen seltsamen Einbruch 10
Ü3   Kleine Lernhilfe 12
Ü4   Fahrt in den Urlaub 13
Ü5   Ein Urlaubserlebnis 13

A.2.   Plusquamperfekt 14
Ü6   Ein Schritt nach dem anderen 14
Ü7   Wie ist es bei Ihnen? 17
Ü8   Wie peinlich! 18
Ü9   Wie konnte das passieren? 19

A.3.   Futur I 20
Ü10   Das wird sich alles regeln! 20
Ü11   Zukunftsmusik 23
Ü12   Vorsätze für das nächste Jahr 24
Ü13   Wie sieht unsere Welt in fünfzig Jahren aus? 25

B.   Spezielle Verbformen 26
B.1.   Konjunktiv II 26
B.1.a   Irrealis im Präsens – *ich hätte / wäre / würde gern* 26
Ü14   Ein Tag am See wäre schön! 26
Ü15   Traum und Wirklichkeit 29
Ü16   Wie könnte man das besser sagen? 30
Ü17   Da hast du recht! 31
B.1.b   Irrealis im Perfekt – *ich wäre gern gekommen* 32
Ü18   Leider – oder zum Glück! 33
Ü19   Un-soziale Netzwerke? 34
Ü20   Wie ärgerlich! 35
Ü21   Alles eine Frage der Zeit! 36

B.2.   Passiv 37
B.2.a   Passiv Präsens mit Modalverben 37
Ü22   Auch entspannen muss geübt werden 37
Ü23   Partytime: Was alles gemacht werden muss 39
Ü24   Sind Sie aktiv oder passiv im Haushalt? 40
B.2.b   Passiv der Vergangenheit 40
Ü25   Das wurde doch schon längst gemacht! 42
Ü26   Und noch etwas üben 43
Ü27   Fragen an die Stadtführerin 44

C.   Verben in festen Verbindungen 45
C.1.   Verben mit Präpositionen 45
Ü28   Aufträge für einen Praktikanten 46
Ü29   Partylärm 47
Ü30   Wie bitte? 48
Ü31   Tut mir leid, daran habe ich nicht gedacht! 49
Ü32   Eine schwierige Beziehung 50

C.2.   Nomen-Verb-Verbindungen 51
Ü33   Passende Verbindungen 52
Ü34   Übungen machen oder üben? 53
Ü35   Sagen Sie es formeller! 54

C.3.   Ausdrücke mit *es* 55
Ü36   Was soll's! 55
Ü37   Nachbarschaft 57
Ü38   Elterngespräche – Findest du nicht auch? 57

C.4.   Verbvalenz 59
Ü39   Frust im Alltag 60
Ü40   *mir* und *mich* verwechsle ich nicht! 62

Teil 2: Nomen 65

D.   Ergänzungen 66

D.1. Genitiv 66
Ü1   Ich kann es nicht glauben! 67
Ü2   Wann ist etwas gut? 68
Ü3   Ein Gärtner und sein Garten 69

D.2. Präpositionen 70
D.2.a *wegen – trotz* 70
Ü4   Wegen des starken Schneefalls 71
Ü5   Trotz des Genitivs 71
Ü6   Alles eine Frage des Stils 73
Ü7   Das kann doch nicht wahr sein! 74
D.2.b *innerhalb – außerhalb –*
um ... herum – an ... entlang 75
Ü8   Ein mittelalterliches Städtchen 75
Ü9   Wo ist das? 77
Ü10 Wann ist das? 78
D.2.c *vor – nach – während – bei* 79
Ü11 Rund um eine Einladung zum
Essen 79
Ü12 Im öffentlichen Leben 81
D.2.d *außer – ohne* 82
Ü13 *außer* oder *ohne*? 82

E.   Attribute 84

E.1. Attributive Adjektive 84
Ü14 Verkaufsgespräche 84
Ü15 Tauschgeschäfte 86
Ü16 Ein perfekter Sommertag 87
Ü17 Generation Y 88
Ü18 Ehrliche Komplimente 89

E.2. Komparativ und Superlativ
vor Nomen 90
Ü19 Traumziele 90
Ü20 Vergleiche 91
Ü21 Guinness-Buch der Rekorde 92
Ü22 Kosenamen und Beschimpfungen ... 93

F.   *n*-Deklination 94
Ü23 Geschichten von Nachbarn und
Fotografen 94
Ü24 Nach dem Abitur 97
Ü25 Skurriles aus aller Welt 98

G.   Genus-Regeln 99
Ü26 Das Gummibärchen 100
Ü27 Am Ende entscheidet die Endung.. 101
Ü28 *der, die, das?* 102

Teil 3: Satz 103

H.   Satzverbindungen 104

H.1. Haupt- und Nebensatz-
verbindungen 104
H.1.a *als – seit(dem), bis – während –*
nachdem, bevor 104
Ü1   Auswanderung aus Deutschland ... 104
Ü2   Lebenslauf eines Genies 106
Ü3   Regeln und Vorschriften 107
Ü4   Gesundheitstipps 108
Ü5   Computerkauf 109
H.1.b *wenn, falls* 110
Ü6   Was machen Sie, wenn ...? 111
Ü7   Wenn das Wörtchen *wenn*
nicht wär 112
H.1.c *da, weil – obwohl* 112
Ü8   Das würde ich nicht tun 113
Ü9   Überredungskünste 114

H.2. Zweiteilige Satzverbindungen
entweder ... oder, nicht (nur)
... sondern (auch); sowohl ...
als auch, weder ... noch 114
Ü10 Kluge Vierziger 115
Ü11 Die Qual der Wahl 116
Ü12 Und noch etwas üben 118
Ü13 Entscheidungsfragen 118

H.3. **Indirekter Fragesatz** 119
Ü14 Ein schwieriger Gast 120
Ü15 Ein Studium in Deutschland 121
Ü16 Schlecht informiert! 122

H.4. **Infinitiv mit** *zu* 123
H.4.a Infinitiv mit *zu* –
 Infinitiv ohne *zu* 123
Ü17 In einer neuen Stadt 124
Ü18 Zukunftspläne 126
H.4.b *dass* – **Infinitiv mit** *zu* /
 damit – *um ... zu* 127
Ü19 Wie klingt es besser? 128
Ü20 Sprachen lernen 130
Ü21 Wozu soll das gut sein 131
H.4.c *nicht/nur brauchen zu* 131
Ü22 Ich bin dann mal weg! 132
Ü23 Jetzt bin ich beleidigt! 133

H.5. **Relativsatz** 134
H.5.a Relativsatz im Nominativ,
 Akkusativ und Dativ 134
Ü24 Der neue Arbeitsplatz 134
Ü25 Die lieben Kollegen 136
Ü26 Und wer oder was ist das? 136
H.5.b Relativsatz mit Präpositionen 137
Ü27 Alles ist relativ 138
Ü28 Klassentreffen 139
Ü29 Vorstellungen 140
H.5.c Relativsatz mit Genitiv 141
Ü30 Geografie-Quiz 142
Ü31 Wen oder was meinst du? 144
H.5.d Relativsatz mit *was* **und** *wo* 144
Ü32 Ausflug ins Rheinland 145
Ü33 Statements 146

I. **Satzstellung** 147
I.1. **Position von** *nicht* 147
Ü34 Total digital 147
Ü35 Klein, aber fein 149

Ü36 Fragen zur Person 150
Ü37 Ein bekannter deutscher
 Rockstar 151
Ü38 Der erste Tag im neuen Job 151

I.2. **Position der Pronomen** 152
Ü39 Studieren ohne Abitur 152
Ü40 Wissen Sie es? 154
Ü41 Und noch etwas üben 155
Ü42 Checkliste für einen
 Auslandsaufenthalt 155

P. **Phonetik** 156
P.1. *p, t, k – b, d, g* 156
Ü1 Hart oder weich? 156
Ü2 *p, t, k – b, d, g* (I) 156
Ü3 Wortanfang und Wortmitte 157
Ü4 *p, t, k – b, d, g* (II) 158

P.2. *s* **und** *z* 158
Ü5 Auf dem Flohmarkt 158
P.2.a Das stimmhafte und das
 stimmlose *s* 159
Ü6 Stimmhaftes oder
 stimmloses *s* (I) 159
Ü7 Stimmhaftes oder
 stimmloses *s* (II) 160
P.2.b Das *z* 160
Ü8 Zahlen 161
Ü9 Das *z* 161

P.3. *w* **und** *b* 162
Ü10 Schwierigkeiten 162
Ü11 *w* und *b* (I) 162
Ü12 *w* und *b* (II) 163

Lösungen 165

Vorwort

Liebe Lernerinnen, liebe Lerner,

Deutsch für Besserwisser B1: Typische Fehler verstehen und vermeiden legt den Fokus auf die Bereiche der Niveaustufe B1, die den meisten Lernern Probleme bereiten.

Für den Lernprozess ist es wichtig, Fehler zu machen, denn nur so lernt man.

Aber diese Fehler sollten keine „Lieblingsfehler" werden, da man sie später nur schwer wieder loswird, wenn man sich erst einmal daran gewöhnt hat.

In einem ersten Schritt hilft dieses Buch zu erkennen und zu verstehen, wo die Schwierigkeiten liegen.

Mithilfe klarer Grammatikdarstellungen werden Regeln visualisiert und so einfach wie möglich erklärt. Fehlerhafte Äußerungen, die auf B1-Niveau typisch sind und häufig vorkommen, werden vorgestellt und verbessert.

Im zweiten Schritt wird die korrekte Anwendung gezeigt.

Abwechslungsreiche Übungen führen den Lerner langsam zu einem sichereren Gebrauch der Sprache, unterstützt von Audio-Übungen, die die korrekte Sprachproduktion mehr und mehr automatisieren.

In einem Phonetik-Teil werden die wichtigsten Ausspracheprobleme behandelt, mit denen die meisten Lerner, abhängig von der jeweiligen Muttersprache mehr oder weniger stark, zu kämpfen haben.

Alle Lösungen zu den Übungen und die Hörtexte finden Sie im Anhang des Buches.

Deutschlernerinnen und -lerner aller Altersstufen können mit *Deutsch für Besserwisser B1* bereits mit Vorwissen auf Niveau A2 selbstständig und kursunabhängig arbeiten. Das Buch kann aber auch gut kursbegleitend zur Unterstützung eingesetzt werden. Außerdem eignet es sich bestens zur Wiederholung der Lerninhalte der Niveaustufe B1 bzw. zur Vorbereitung auf die Prüfungen der Niveaustufe B1 (*Zertifikat B1*).

Viel Spaß mit *Benni*, der als sympathischer „Besserwisser" den richtigen Weg zeigt!

Autorinnen und Verlag

 Das ist die Nummer der Hörübung auf der MP3-CD.

 Ü1 Diese Übungen sind leichter.

 Ü5 Diese Übungen sind etwas schwieriger.

 Hier ist Benni zufrieden.

 Hier ist etwas falsch.

 Hier gibt Benni einen Tipp.

 Hier muss man aufpassen!

A.	**Vergangenheit und Zukunft**	**8**
A.1.	Präteritum	8
A.2.	Plusquamperfekt	14
A.3.	Futur I	20
B.	**Spezielle Verbformen**	26
B.1.	Konjunktiv II	26
B.1.a	Irrealis im Präsens – *ich hätte / wäre / würde gern*	26
B.1.b	Irrealis im Perfekt – *ich wäre gern gekommen*	32
B.2.	Passiv	37
B.2.a	Passiv Präsens mit Modalverben	37
B.2.b	Passiv der Vergangenheit	40
C.	**Verben in festen Verbindungen**	45
C.1.	Verben mit Präpositionen	45
C.2.	Nomen-Verb-Verbindungen	51
C.3.	Ausdrücke mit *es*	55
C.4.	Verbvalenz	59

A. Vergangenheit und Zukunft

A.1. Präteritum

Als wir noch auf dem Land wohnten, findete ich das Stadtleben viel interessanter. Aber jetzt habe ich Sehnsucht nach Ruhe und Natur!

Wo ist der Fehler? Schreiben Sie den Satz richtig:

_____

_____

Ü1 Erinnerungen

Ergänzen Sie die Präteritum-Endungen der regulären Verben.

reguläre Verben

wohn **en**	ich	wohn _____	wir	wohn _ten_
	du	wohn _____	ihr	wohn _____
	er/sie/es	wohn _____	sie/Sie	wohn _____

Ergänzen Sie die Präteritum-Endungen der irregulären Verben.

irreguläre Verben

komm **en**	ich	kam _____	wir	kam _en_
	du	kam _____	ihr	kam _____
	er/sie/es	kam _____	sie/Sie	kam _____

Ergänzen Sie die Verben aus dem Schüttelkasten im Präteritum.

werden • mögen • treffen • sitzen • anrufen • stehen • kommen • schließen •
wissen • meinen • ~~sein~~ • sein • sein • wollen • müssen • unterhalten •
freuen • dauern • gefallen • finden • besuchen • bringen • geben

● Stell dir vor, Karla – Jens und ich feiern am Samstag unseren 20. Hochzeitstag!

▣ Oh, so lange seid ihr schon verheiratet! Wie habt ihr euch eigentlich kennengelernt?

● Ach, das _war_ (1) typisch Jens! Ich _____ (2) damals mit meinen Eltern
Wien, und wir _____ (3) eines Abends in einem Weinlokal. Als wir zahlen
_____ (4), _____ (5) die Bedienung: „Junge Dame, ich habe hier
noch etwas für Sie!" und _____ (6) mir eine Visitenkarte. Darauf _____ (7):
„Bitte entschuldigen Sie, aber ich muss Ihnen sagen, dass Sie die hübscheste und
sympathischste Frau sind, die ich in meinem Leben gesehen habe! Bitte machen
Sie mir die Freude und rufen Sie mich einmal an."

▣ Oh mein Gott – du _____ (8) sicherlich ganz rot im Gesicht?

● Aber klar! Und die Bedienung _____ (9) schon weg und so _____ (10) ich
nicht, welcher Mann das geschrieben hatte! Aber du kennst mich ja, ich
_____ (11) wissen, wer so etwas macht, und _____ gleich am nächsten Tag
____ (12). Er _____ (13) sich riesig und seine Stimme _____ (14) mir so gut,
dass ich mich tatsächlich gleich am Nachmittag mit ihm in einem Café _____ (15).

▣ Nein, wirklich? Und dann _____ (16) so ein gut aussehender Mann ...

● Du sagst es! Es _____ (17) nicht lange, und ich _____ (18) bis über beide
Ohren verliebt ...! Wir _____ (19) uns, bis das Café
_____ (20), und dann _____ (21) er mich zu meinem Hotel.

▣ Und deine Eltern?

● Sie _____ (22) ihn auch und _____ (23) das alles sehr romantisch!

▣ Oh ja, das ist es wirklich!

A

Möchten Sie das Präteritum der Niveaustufe A2 wiederholen?
→ *Deutsch für Besserwisser A2*, S. 24–34

Deutschland-Tipp

In Übung 1 erzählt eine Frau eine Geschichte. Woran erkennt man, dass diese Frau aus **Norddeutschland** kommt? Richtig: Sie erzählt im Präteritum!

Hier wird, wie auch in **Mitteldeutschland**, in der mündlichen Sprache oft nicht das Perfekt, sondern das **Präteritum** verwendet.

In **Süddeutschland** dagegen spricht keiner in der Präteritum-Form. Nur die **Modalverben** und **haben** und **sein** werden im Präteritum benützt. Wenn man über die Vergangenheit spricht, verwendet man das **Perfekt**.

Generell begegnet Ihnen das Präteritum meistens, wenn Sie lesen: einen Bericht, einen Roman, einen Lebenslauf, eine Biografie ...

Vorsicht!

Nicht vergessen:

Mischverben ⟨ Endungen wie bei **regulären Verben** / Veränderung im Wortstamm wie bei **irregulären Verben**

denken   ich d**ach**te
wissen   ich w**uss**te

Ü2 Polizeibericht über einen seltsamen Einbruch

**Dieser Bericht wurde von einem jungen Polizisten im Perfekt geschrieben.
Nun muss er ihn noch einmal schreiben, diesmal korrekt im Präteritum.
Was würde er schreiben? Benutzen Sie die Schreiblinien auf der rechten Seite.**

1. In der Nacht von Sonntag auf Montag hat ein Einbruch in der Villa des Generalskonsuls stattgefunden.

   In der Nacht von Sonntag auf Montag fand ein Einbruch in der Villa des Generalkonsuls statt.

2. Der Täter hat mit einem Stein die Kamera zerstört und ist dann über den Zaun gestiegen.

3. Dabei ist er hängengeblieben und hat ein Stück aus seiner roten Jacke gerissen.

4. Die Hunde des Generalskonsuls haben den Täter anscheinend gekannt, denn sie haben nicht gebellt.

_____
_____
_____

5. Er hat ihnen wahrscheinlich auch eine Menge Würste mitgebracht, da auf dem Rasen eine große Tüte von einer Metzgerei gelegen ist.

_____
_____
_____
_____

6. Der Täter ist nun um das Haus herumgegangen und hat den Einstieg über das Bürofenster vorbereitet.

_____
_____
_____

7. Er hat dabei nicht die zweite Kamera gesehen, weshalb es einige Bilder von dem Einbruch gibt.

_____
_____
_____

8. In einem Rucksack hat er professionelles Werkzeug mit sich getragen.

_____
_____
_____

9. Er hat einen Kreis aus dem Fenster geschnitten und es so von innen geöffnet.

_____
_____
_____

10. Das hat er so vorsichtig gemacht, dass die Alarmanlage nicht angegangen ist – ein weiterer Beweis, dass dem Täter die Villa und ihre Schutz-mechanismen bekannt gewesen sind.

_____
_____
_____
_____

11. Aus dem Büro hat er nur ein grünes Kissen gestohlen, das mit einer goldenen Sonne bestickt gewesen ist.

_____
_____
_____

12. An anderen wertvollen Dingen, die auf dem Schreibtisch gelegen haben, hat der Täter kein Interesse gehabt.

_____
_____
_____

13. Der Generalkonsul hat nichts über den Wert des Kissens gewusst.

_____
_____

14. Der Täter ist mit seiner Beute geflohen, deshalb bittet die Polizei um Mithilfe bei der Aufklärung.

_____
_____
_____

Vorsicht!

Nicht vergessen:

Der Verbstamm endet auf **-t** oder **-d**:

Reguläre Verben: + e

vorbereiten: ich berei**te**te vor, du berei**te**test vor, er berei**te**te vor, ...

reden: ich re**de**te, du re**de**test, er re**de**te, ...

Irreguläre Verben: nur 2. Person Singular und Plural

finden: du fan**de**st, ihr fan**de**t

Ü3   **Kleine Lernhilfe**

Die irregulären Verben müssen Sie einfach lernen. Aber mit einer kleinen Systematik kann man sich das Lernen leichter machen!

Ordnen Sie die Verben aus dem Schüttelkasten in die richtige Schublade.

Wie verändert sich der Vokal im Wortstamm?

> fliegen • vergessen • bleiben • sprechen • ~~finden~~ • verlieren • geben •
> lassen • schneiden • ziehen • gelingen • essen • fließen • schreiben •
> empfehlen • trinken • fangen • reiten • sehen • springen • biegen •
> sterben • reißen • halten • schlafen • beginnen • verschwinden • lesen •
> fallen • leihen • frieren • helfen

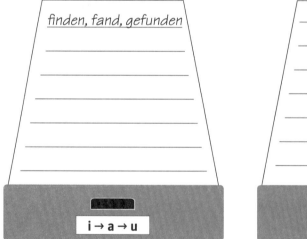

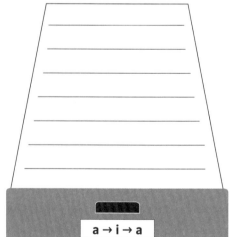

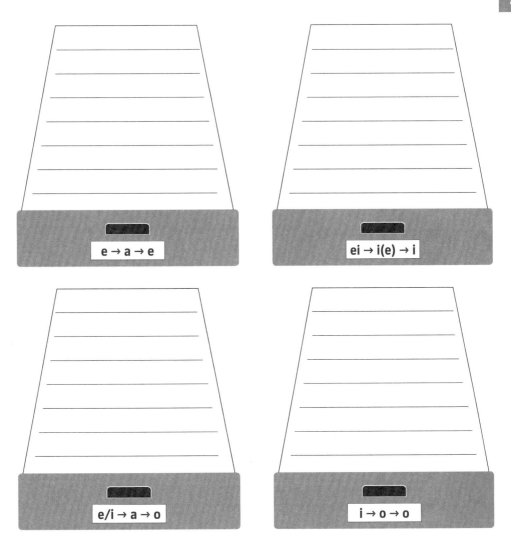

Ü4 Fahrt in den Urlaub

Ihre Freundin erzählt von der Fahrt in ihren Urlaub. Sie hören den Satz im Präsens. Wiederholen Sie den Satz im Präteritum, wie im Beispiel.

1. Wir stehen um fünf Uhr morgens auf.
   Wir standen um fünf Uhr morgens auf.

Ü5 Ein Urlaubserlebnis

Nun hören Sie den Satz im Perfekt und wiederholen ihn auch im Präteritum.

1. Die Autofahrt ist lang und anstrengend gewesen
   Die Autofahrt war lang und anstrengend.

A.2. Plusquamperfekt

Wo ist der Fehler? Schreiben Sie den Satz richtig:

_____

_____

Ü6   **Ein Schritt nach dem anderen**
Markieren Sie alle konjugierten Verben.

Immer wenn ich viel tun <u>muss</u>, <u>schreibe</u> ich mir gleich nach dem Aufstehen eine To-Do-

Liste. So habe ich das Gefühl, dass ich nicht alles gleichzeitig machen muss, sondern

einen Schritt nach dem anderen tun kann. (1) Gestern stand auf meiner Liste (2):

> Bücher in die Bibliothek zurückbringen
> einkaufen
> wichtigste Telefonate erledigen
> Yogaübungen
> Englischkurs von 12 Uhr bis 16 Uhr
> Kinder abholen
> neue Monatskarte kaufen
> Abendessen vorbereiten
> aufräumen
> Luft holen

Und so begann mein Tag (3). Nachdem ich gleich nach dem Frühstück die Bücher in die Bibliothek zurückgebracht hatte, ging ich einkaufen. (4) Kaum war ich nach Hause zurückgekommen, erledigte ich die wichtigsten Telefonate. (5) Zwei Stunden hatte ich telefoniert, bevor ich endlich Yoga machen konnte. (6) Sobald meine Yogaübungen beendet waren, rannte ich zum Englischkurs. (7) Nachdem ich den Unterricht um 16 Uhr endlich geschafft hatte, holte ich die Kinder ab, doch vorher hatte ich noch schnell eine neue Monatskarte für die U-Bahn gekauft. (8) Als wir endlich zu Hause angekommen waren, musste ich sofort das Abendessen vorbereiten, denn die Kinder hatten schon einen riesigen Hunger. (9) Später räumte ich dann noch auf, nachdem ich richtig Luft geholt hatte. (10) Am Abend konnte ich dann beruhigt meine Liste wegwerfen, denn ich hatte ja alle Punkte darauf durchgestrichen. (11)

Ordnen Sie die Verben nun in die Tabelle.

Präsens	Präteritum	Plusquamperfekt
muss	stand	zurückgebracht hatte
schreibe		

Was ist richtig? Kreuzen Sie an.

 Regel

reguläre Verben (Endungen wie Modalverben)

Das Plusquamperfekt wird gebildet mit

☐ *haben/sein* im Präteritum
☐ *haben/sein* im Präsens
☐ Partizip Perfekt
☐ Partizip Präsens

Was ist zuerst passiert?
↓
Plusquamperfekt
Als ich meine Yogaübungen **beendet hatte**,

Was ist danach passiert?
↓
Präteritum
rannte ich zum Englischkurs.

 Lern-Tipp

Das Plusquamperfekt wird gebildet mit:

haben im **Präteritum** + **Partizip II**   ich hatte gelesen

sein im **Präteritum**   + **Partizip II**   ich war gegangen

Konjugation von **haben** und **sein** im Präteritum:
→ *Deutsch für Besserwisser A1*, S. 41

 Vorsicht!

Ich **hatte** beendet

= **Plusquamperfekt**

(Vor-Vergangenheit)

Ich **habe** beendet

= **Perfekt**

(Vergangenheit)

Ü7 Wie ist es bei Ihnen?

Wissen Sie, was Sie zuerst tun müssen? Ergänzen Sie die Verben in Klammern in der richtigen Zeit: Präteritum oder Plusquamperfekt?

Gestern war wieder mal einer dieser Horrortage. Nachdem ich _aufgestanden war_

(aufstehen), _ging_ es auch schon _los_ (losgehen). (1) Zuerst _____ (müssen) ich

den Geburtstagskuchen für Hanna backen, doch vorher _____ ich erst noch alle

nötigen Zutaten im Supermarkt _____ (besorgen). (2) Natürlich _____

(brauchen) alles viel länger als geplant, denn ich _____ mir vorher das Rezept

nicht gut _____ (durchlesen). (3) Zum Glück _____ er doch noch

rechtzeitig fertig _____(werden), kurz bevor ich zur Uni aufbrechen

_____. (müssen) (4) Ich rannte zur U-Bahn, weil ich spät dran war, doch als ich

_____(ankommen), _____ sie gerade vor meiner Nase _____

(wegfahren). (5) Also _____ (gehen) ich schnell wieder nach Hause und _____

(wollte) mein Fahrrad holen, doch das _____ ich am Abend davor bei Barbara

_____ (lassen) – wie blöd von mir! (6) Weil nun alles schon egal _____

(sein), _____ (gehen) ich gar nicht an die Uni, sondern direkt in die Bibliothek, was

ich eigentlich nach dem Unterricht _____ (planen). (7) Dort

_____ (lernen) ich drei Stunden konzentriert (ehrlich!), nachdem ich mich zuerst

von dem ganzen Stress erst mal _____ (ausruhen). (8) Um

15 Uhr _____ (gehen) ich dann schnell zu Barbara mein Fahrrad holen, _____

(radeln) nach Hause und _____ um 17 Uhr sogar schon eine von zehn Mails

_____ (beantworten), als Johannes zu Besuch _____ (kommen).

(9) Nachdem ich noch schnell die schmutzige Wäsche in den Schrank _____

_____ (stopfen), _____ (probieren) wir den frisch

gebackenen Kuchen und _____ (unterhalten) uns über alles Mögliche.

(10) Als es dann schließlich Zeit _____ (sein) zu Hannas Geburtstag zu gehen,

_____ (haben) wir kein Geschenk und keinen Kuchen mehr – aber zumindest

_____ ich eine neue To-Do-Liste für morgen _____ (schreiben)! (11)

Ü8 **Wie peinlich!**
Bilden Sie Sätze.

1.   auf den Bus warten • einsteigen

     Nachdem er auf den Bus gewartet hatte, stieg er ein.

2.   einen Sitzplatz finden • einschlafen

     _____

     _____

3.   aufwachen • einen Kontrolleur sehen

     _____

     _____

4.   seine Fahrkarte suchen • rot werden

     _____

     _____

5.   keine Fahrkarte finden • sich eine Ausrede überlegen

     _____

     _____

6.   mit dem Kontrolleur diskutieren • aussteigen

     _____

     _____

7.   seinen Personalausweis zeigen • eine Strafe zahlen

     _____

     _____

8.   auf den nächsten Bus warten • wieder einsteigen

     _____

     _____

Ü9 Wie konnte das passieren?

Hören Sie und antworten Sie wie im Beispiel.

1. Elisabeth kam gestern zu spät ins Büro.

   den Wecker nicht hören.

   Sie hatte den Wecker nicht gehört.

2. nichts anderes finden

3. sich in der Stadt verlaufen

4. noch einen wichtigen Termin haben

5. nicht richtig aufpassen

6. sich erkälten

7. einen Tag Pause brauchen

A.3. Futur I

Wo ist der Fehler? Schreiben Sie den Satz richtig:

_____

_____

 Ü10 Das wird sich alles regeln!
Wann verwendet man Futur I (*werden* + Infinitiv)? Kreuzen Sie die richtigen Regeln an.

Regel

Das Futur I verwendet man,

1. ☒ wenn man über etwas in der Zukunft spricht.

2. ☐ wenn die Person oder Sache, der etwas passiert, wichtig ist.

3. ☐ wenn man eine Absicht ausdrücken will.

4. ☐ wenn man eine Vermutung äußern will.

5. ☐ wenn man über etwas Aktuelles spricht.

Was drücken die Sätze mit *werden* + Infinitiv hier aus? Zukunft, Absicht oder Vermutung?

1. Johannes macht nächstes Jahr Abitur, danach wird er studieren.

   ☒ Zukunft ☐ Absicht ☐ Vermutung

2. Er wird wohl nach Berlin gehen, weil dort so viele interessante Menschen leben.

   ☐ Zukunft ☐ Absicht ☐ Vermutung

3. Er wird dort in eine coole WG ziehen, das Zimmer hat er schon sicher.

   ☐ Zukunft ☐ Absicht ☐ Vermutung

4. Und ganz sicher wird er viel in Kreuzberg sein, meint er, wo sonst erlebt man das „richtige" Berlin.

   ☐ Zukunft ☐ Absicht ☐ Vermutung

5. Na ja, viel studieren wird er in Berlin wahrscheinlich nicht, denke ich mir.

   ☐ Zukunft ☐ Absicht ☐ Vermutung

6. Aber ich freue mich schon darauf, wenn ich ihn zu Weihnachten dann dort besuchen werde.

   ☐ Zukunft ☐ Absicht ☐ Vermutung

7. Außerdem wird er sich einen coolen Nebenjob in einem Club suchen, sagt er.

   ☐ Zukunft ☐ Absicht ☐ Vermutung

8. Und ganz sicher wird er innerhalb kürzester Zeit viel Kohle verdienen, davon ist er überzeugt.

   ☐ Zukunft ☐ Absicht ☐ Vermutung

9. Viel Zeit für sein Studium wird da nicht übrig bleiben, glaube ich.

   ☐ Zukunft ☐ Absicht ☐ Vermutung

10. Ach, das wird sich bestimmt alles von allein regeln, meint er optimistisch.

    ☐ Zukunft ☐ Absicht ☐ Vermutung

Landeskunde-Tipp

In der Umgangssprache gibt es viele verschiedene Wörter, die **super/toll** bedeuten, zum Beispiel: geil, cool, scharf ...

Auch für das Wort **Geld** gibt es in der Umgangssprache viele verschiedene Bezeichnungen, zum Beispiel: Kohle, Kies, Moos, Piepen, Kröten ...

Regel

Wenn Sie über etwas in der **Zukunft** (1) berichten, eine **Absicht** (2) oder eine **Vermutung** (3) äußern wollen, brauchen Sie das **Futur I: werden + Infinitiv**

(1) Es **wird schneien.**
(2) Ab morgen **werde** ich nie wieder **rauchen.**
(3) 2050 **wird** es keine Bücher mehr **geben.**

Konjugation von **werden**: → *Deutsch für Besserwisser A2*, S. 45

Grammatik-Tipp

Äußerungen über die **Zukunft**, **Absichten** oder **Vermutungen** kann man auch im **Präsens** formulieren. Dann muss man sie aber mit einer **Zeitangabe (morgen, am Montag, nächstes Jahr)** oder einem **Adverb (vermutlich, wohl, wahrscheinlich** ... bzw. **bestimmt, sicher, mit Sicherheit** ...) kombinieren:

Es **wird schneien.**	**Morgen schneit** es.
Ich **werde** nie wieder **rauchen.**	Ich **rauche sicher** nie wieder.
2050 **wird** es keine Bücher mehr **geben.**	2016 **gibt** es **vermutlich** keine Bücher mehr.

Vorsicht!

Das Auto wird **repariert.**	Der Mechaniker wird **reparieren.**
= Passiv Präsens	= Futur I

Ü11 Zukunftsmusik

Formulieren Sie den Satz um. Benutzen Sie das Futur I oder Präsens mit Zeitangabe.

Futur I	Präsens mit Zeitangabe
1. Ich werde eine lange Reise machen.	Nach der Schule _mache ich eine lange Reise._
2. _____	Nächstes Jahr im Herbst beginne ich ein Studium.
3. _____	Danach finde ich einen interessanten Job.
4. Ich werde einen gut aussehenden Mann kennenlernen und ihn heiraten.	Später _____
5. Ich werde drei Kinder und einen Hund haben.	Mit 30 _____
6. _____	Mit 40 lebe ich in meinem eigenen Haus mit Garten.
7. Ich werde Gartenpartys für meine Freunde organisieren.	Jeden Sommer _____
8. Ich werde in Rente gehen.	Mit 60 _____
9. _____	Irgendwann bin ich Großmutter und habe viele Enkel.
10. Ich werde glücklich zurückblicken, weil mein Leben so perfekt war.	Am Ende _____

Ü12 Vorsätze für das nächste Jahr

Bilden Sie Sätze aus den Satzteilen. Benutzen Sie das Futur I.

Im neuen Jahr ...

1. ich • leben • gesünder

   ... werde ich gesünder leben.

2. ich • regelmäßig • Sport • treiben

   _____

3. ich • weniger • Süßigkeiten • essen

   _____

4. ich • immer • gleich • nicht • mich • aufregen • alles • über

   _____

   _____

5. ich • anfangen • neues • Hobby • ein

   _____

6. ich • gehen • wieder • mehr • ins • Theater

   _____

7. ich • tun • Menschen • mehr • für • andere

   _____

8. ich • mich • einsetzen • die Umwelt • für

   _____

9. ich • nie • wieder • Schlechtes • etwas • über • sagen • andere

   _____

   _____

10. ich • die Welt • retten

    _____

Ü13 Wie sieht unsere Welt in fünfzig Jahren aus?

Hören Sie und antworten Sie wie im Beispiel.

1. Jetzt lesen viele noch gedruckte Bücher.

   nur noch E-Books lesen.

   In fünfzig Jahren werden wir vermutlich nur noch E-Books lesen.

2. im Durchschnitt 100 werden

3. nur noch künstliche Produkte essen

4. in Deutschland tropisches Klima haben

5. alle im All Urlaub machen

6. uns auch riechen können

7. eine gemeinsame Sprache haben

8. in andere Zeitzonen reisen können

9. die Gedanken der Menschen lesen können

10. viele Krankheiten nicht mehr kennen

B. Spezielle Verbformen

B.1. Konjunktiv II

B.1.a Irrealis im Präsens – *ich hätte / wäre / würde gern*

Wo ist der Fehler? Schreiben Sie den Satz richtig:

_____

Ü14 Ein Tag am See wäre schön!
Markieren Sie alle Verbformen im Konjunktiv II.

Es ist so wunderbares Wetter! Wenn doch nur schon Wochenende _wäre_! (1) Es ist heiß,

die Sonne scheint, und ich muss hier im Büro sitzen! (2) Wenn ich nicht so viel Arbeit

hätte, könnte ich jetzt nach Hause gehen. (3) Ich würde meine Badesachen packen und wäre in einer Viertelstunde mit dem Fahrrad am See. (4) Ich könnte meine Freundin anrufen, denn sie hätte bestimmt auch Lust mitzukommen. (5) Wir müssten uns ein Picknick mitnehmen, denn wir würden ja sicher den ganzen Tag am See bleiben. (6) Ach ja, das wäre schön! (7) Eigentlich darf ich gar nicht daran denken, denn dann fällt mir meine Arbeit noch schwerer ... (8)

Was ist richtig? Kreuzen Sie an.

1. ☐ Den Konjunktiv II braucht man für eine reale Situation.
2. ☒ Den Konjunktiv II braucht man für eine irreale Situation.
3. ☐ Der Konjunktiv II von **ich bin** ist **ich werde**.
4. ☐ Der Konjunktiv II von **ich bin** ist **ich wäre**.
5. ☐ Der Konjunktiv II von **ich habe** ist **ich hatte**.
6. ☐ Der Konjunktiv II von **ich habe** ist **ich hätte**.
7. ☐ Der Konjunktiv II von **ich bleibe** ist **ich würde bleiben**.
8. ☐ Der Konjunktiv II von **ich bleibe** ist **ich blieb**.
9. ☐ Der Konjunktiv II von **ich kann** ist **ich könnte**.
10. ☐ Der Konjunktiv II von **ich kann** ist **ich kannte**.

 Regel

reale Situation	irreale Situation
Indikativ	**Konjunktiv II**
ich bin	ich **wäre**
ich habe	ich **hätte**
ich mache	ich **würde machen**
ich kann	ich **könnte**

Vorsicht!

Alle Verben bilden den Konjunktiv II mit **würde + Infinitiv**, außer **sein**, **haben** und **die Modalverben**

  ~~ich würde sein / ich würde haben~~

Das kann jeder verstehen, aber besser sagt man:

  ich wäre / ich hätte

Lern-Tipp

Nicht vergessen:

Wie bildet man den Konjunktiv II?

Präteritum		Konjunktiv II	
ich hatte	+ Umlaut	ich	hätte
ich wurde	+ Umlaut	ich	würde
ich war	+ Umlaut	ich	wäre
	+ Konjunktiv-Endung		
ich konnte	+ Umlaut	ich	könnte
ich musste		ich	müsste
ich durfte		ich	dürfte
aber:	**wollen** und **sollen** haben im **Konjunktiv II keinen Umlaut!**		

Ü15 Traum und Wirklichkeit

Ergänzen Sie die irrealen Sätze im Konjunktiv II, wie im Beispiel.

1. _Wenn ich Zeit hätte, könnte ich eine Weltreise machen._

    Aber ich habe leider keine Zeit und kann keine Weltreise machen.

2. _____

    _____

    Aber in meinem Haus ist ein so großes Chaos und ich muss jetzt aufräumen.

3. _____

    _____

    Aber ich kann nicht gut Klavier spielen und spiele nicht heute Abend auf deiner Party.

4. _____

    _____

    Aber wir haben keinen großen Garten und können nicht immer frisches Gemüse essen.

5. _____

    _____

    Aber meine Eltern sind nicht reich und müssen so viel arbeiten.

6. _____

    _____

    Aber Emma ist nicht glücklich und sieht nicht zufriedener aus.

7. _____

    _____

    Aber wir haben kein Auto und müssen immer mit dem Fahrrad fahren.

8. _____

    _____

    Aber ich habe keine Zeit und lerne nicht verschiedene Fremdsprachen.

B

Grammatik-Tipp

Einige irreguläre Verben werden manchmal noch in der **„originalen" Konjunktiv-Form** gebraucht.

Das ist **stilistisch besser** als die Kombination **würde + Infinitiv**, die aber trotzdem immer richtig ist!

	Präteritum	Konjunktiv II
kommen	ich kam	ich käme
gehen	ich ging	ich ginge
bleiben	ich blieb	ich bliebe
finden	ich fand	ich fände
lassen	ich ließ	ich ließe
wissen	ich wusste	ich wüsste
tun	ich tat	ich täte
geben	ich gab	ich gäbe
nehmen	ich nahm	ich nähme

 Wie könnte man das besser sagen?

Korrigieren Sie die vorsichtigen Ratschläge des Arztes in eine stilistisch bessere Konjunktiv-Form.

1. Es wäre gut, wenn Sie einmal pro Jahr zur Kontrolle kommen würden.

   Es wäre gut, wenn Sie einmal pro Jahr zur Kontrolle kämen.

2. Sie würden sich bestimmt besser fühlen, wenn Sie öfter ins Fitnessstudio gehen würden.

   _____

   _____

3. Auch wäre es hilfreich, wenn Sie regelmäßig Vitamintabletten einnehmen würden.

   _____

   _____

4. Es würde Ihrer Gesundheit sehr gut tun, wenn Sie endlich das Rauchen aufgeben würden.

_____

_____

5. Auch wäre es gut, wenn Sie ein paar Tage im Bett bleiben und nicht ins Büro gehen würden.

_____

_____

6. Nächste Woche würde ich gern wissen, wie es Ihnen geht – bitte rufen Sie mich an!

_____

_____

7. Und Sie wissen: Ich würde es sehr sinnvoll finden, wenn Sie sich gesünder ernähren würden! Versuchen Sie das doch einmal!

_____

_____

_____

Ü17 Da hast du recht!

Hören Sie und ergänzen Sie wie im Beispiel.

1. ◼ Ich kündige morgen!
   ● _An deiner Stelle würde ich auch morgen kündigen!_

B.1.b Irrealis im Perfekt – *ich wäre gern gekommen*

Wo ist der Fehler? Schreiben Sie den Satz richtig:

_____

_____

Was ist richtig? Kreuzen Sie an.

1. ☐ Eine Situation in der Vergangenheit, in der etwas leider oder zum Glück nicht passiert ist, steht im Präteritum.
2. ☒ Eine Situation in der Vergangenheit, in der etwas leider oder zum Glück nicht passiert ist, steht im Konjunktiv II.
3. ☐ Den Konjunktiv II der Vergangenheit bildet man mit *hätte/wäre* + Infinitiv.
4. ☐ Den Konjunktiv II der Vergangenheit bildet man mit *hätte/wäre* + Partizip Perfekt.

Lern-Tipp

In der **Vergangenheit** gibt es für den **Konjunktiv II** nur **eine** Form – wie praktisch!

Ü18   Leider – oder zum Glück!

Verbinden Sie die passenden Satzteile.

1. Ich hätte die Seminararbeit gestern gern fertig geschrieben,

2. Der Kuchen wäre sicher sehr lecker geworden,

3. Wir hätten dieses Jahr so gern Urlaub am Meer gemacht,

4. Ich wäre wirklich gern zu deiner Party gekommen,

5. Der Urlaub hätte mir gut gefallen,

6. Ich hätte dir doch einen Kaffee mitgebracht,

7. Ich hätte die Prüfung fast bestanden,

8. Mein Sohn wäre heute fast vom Baum gefallen,

9. Ich wäre fast die Treppe hinuntergestürzt,

10. Beinahe wäre an der Kreuzung ein Unfall passiert,

a) wenn unser Hotel nicht so hässlich gewesen wäre!

b) weil der Taxifahrer den Radfahrer nicht gesehen hat.

c) aber ich habe gestern Nachmittag plötzlich starke Kopfschmerzen bekommen.

d) wenn nicht der Grammatik-Test so schwer gewesen wäre!

e) aber mein Computer ist kaputt gegangen.

f) weil er unbedingt ganz weit nach oben klettern wollte.

g) aber er war leider zu lange im Ofen.

h) wenn du mir etwas gesagt hättest!

i) weil ich die letzten beiden Stufen nicht gesehen habe.

j) aber mit unserem alten Auto können wir nicht mehr so weit fahren.

1.	2.	3.	4.	5.	6.	7.	8.	9.	10.
e									

Ü19 Un-soziale Netzwerke?

Markieren Sie die richtige Verbform in diesem Leserbrief – Indikativ oder Konjunktiv II?

Sehr geehrte Redaktion!

Heute Morgen (1) ☒ habe ☐ hätte ich Ihren Artikel zum Thema „Un-soziale Netzwerke"

gelesen. Dieser Artikel (2) ☐ hat ☐ hätte mich mehr überzeugt, wenn Sie auch über

einige positive Punkte geschrieben (3) ☐ haben ☐ hätten.

Können Sie sich zum Beispiel an das Hochwasser vor ein paar Jahren erinnern?

Was (4) ☐ haben ☐ hätten wir damals ohne die sozialen Netzwerke gemacht?

Einige Personen (5) ☐ haben ☐ hätten damals durch ein soziales Netzwerk sehr

schnell und effizient Hilfe organisiert. Das (6) ☐ hat ☐ hätte auf anderen Wegen viel

zu lange gedauert.

In meinem Freundeskreis (7) ☐ habe ☐ hätte ich öfters erlebt, dass über das Netz

verlorene Haustiere wiedergefunden wurden. Auch das (8) ☐ ist ☐ wäre früher so

nicht möglich gewesen, dass man so viele Menschen so schnell informiert.

Sicherlich haben Sie recht, dass viele schreckliche Dinge ohne soziale Netzwerke

nicht passiert (9) ☐ sind ☐ wären, so wie Mobbing oder Partys von Jugendlichen mit

500 Gästen, die das Haus zerstören ... Aber wenn ich die Wahl (10) ☐ habe ☐ hätte

zwischen einem Leben ohne oder mit sozialem Netzwerk, ich (11) ☐ werde ☐ würde

immer das soziale Netzwerk wählen. Es (12) ☐ ist ☐ wäre nur wichtig, dass man es

richtig benutzt!

Mit freundlichen Grüßen,

Elisabeth Esterer

Grammatik-Tipp

Ein **Ausruf** mit **doch**, **nur** oder **bloß** drückt **Wünsche** aus, die nicht (mehr) Realität werden können. Der Satz kann mit **Wenn ...** beginnen oder **mit dem Verb**:

Wenn ich **doch** ein Handy **hätte**! / **Hätte** ich **doch** ein Handy!

Wenn er **bloß** das Geld nicht **verloren hätte**! / **Hätte** er **bloß** das Geld nicht **verloren**!

Wenn ich **nur** pünktlich **gekommen wäre**! / **Wäre** ich **nur** pünktlich **gekommen**!

Auch die Kombination **doch nur** oder **doch bloß** ist zur Verstärkung möglich.

Ü20 Wie ärgerlich!

Was könnte die Person sagen oder denken?
Machen Sie Sätze wie im Beispiel.

1. Ich habe meinen Schlüssel verloren und kann jetzt die Wohnungstür nicht öffnen.

   Wenn ich doch/bloß/nur meinen Schlüssel nicht verloren hätte! /

   Hätte ich doch/bloß/nur meinen Schlüssel nicht verloren!

2. Ich habe mein Handy zu Hause vergessen und kann nicht telefonieren.

   _____

   _____

3. Ich habe meiner Freundin meine Meinung gesagt und jetzt ist sie sauer.

   _____

   _____

4. Mein Sohn hat nicht gelernt und hat deshalb die Prüfung nicht bestanden.

   _____

   _____

5. Mein Mann hat heute Morgen nicht getankt und jetzt hat unser Auto kein Benzin mehr.

_____

_____

6. Ich habe meine alte Jacke weggeworfen, aber jetzt wäre sie wieder modern!

_____

_____

7. Ich bin gestern sehr spät ins Bett gegangen und habe deshalb heute verschlafen.

_____

_____

Ü21 **Alles eine Frage der Zeit!**
Hören Sie und antworten Sie wie im Beispiel in der korrekten Verbform.

1. so gern • kommen

   ■ Warum bist du gestern nicht auf meine Geburtstagsparty gekommen?

   ● _Ich wäre so gern gekommen, aber ich hatte keine Zeit!_

2. gestern • gern • schreiben

3. ihm • ja gern • helfen

4. gern • noch bleiben

5. schon • noch erzählen

6. gern • schon kochen

7. gern • gehen

8. mehr • üben

9. gern • noch besser • sich vorbereiten

10. gern • schon lesen

B.2. Passiv

B.2.a Passiv Präsens mit Modalverben

Wo ist der Fehler? Schreiben Sie den Satz richtig:

_____

Ü22 ## Auch entspannen muss geübt werden
Markieren Sie die Passivformenn und – wenn nötig – die Modalverben.

Diese Lektion ist besonders dann für Sie geeignet, wenn Sie den ganzen Tag viel um die Ohren hatten. (1) Mit dieser Übung <u>können</u> Körper und Geist <u>entspannt werden</u>. (2) Machen Sie es sich auf dem Rücken bequem, decken Sie sich zu und wandern Sie im Geiste durch Ihren Körper, wobei die Augen geschlossen werden können. (3) Die Arme sollen erst neben den Körper gelegt werden. (4) Anschließend müssen sie beim Einatmen nach hinten geführt werden. (5) Stellen Sie ein Bein auf, das andere wird zum Bauch gezogen. (6) Heben Sie nun Ihren Oberkörper an, die Stirn soll dabei zum Knie geführt werden. (7) Atmen sie tief ein – und aus. Dann wird der Körper vorsichtig wieder zurück auf den Boden gelegt. Nun kommt die andere Seite dran. (8) Dies kann abwechselnd so lange wiederholt werden, bis Ihr Atem sich beruhigt hat. (9) Spüren Sie schon etwas? Wenn nicht, kann die Übung auch mit Musik gemacht werden!

Was ist richtig? Kreuzen Sie an.

☐ Das Modalverb steht im Hauptsatz am Satzende.
☒ Das Modalverb steht im Hauptsatz an Position II.
☐ Das Modalverb steht im Nebensatz am Satzende.
☐ Das Modalverb steht im Nebensatz an Position II.
☐ *werden* steht immer im Infinitiv.
☐ *werden* steht immer in der Partizip Perfekt Form.

Wortschatz-Tipp

viel um die Ohren haben (Umgangssprache)
= **viel zu tun haben/total im Stress sein.**

Ich kann leider heute Abend nicht kommen,
ich **habe** total **viel um die Ohren!**

Regel

Präsens Passiv mit Modalverben:

können/sollen/dürfen ... + Partizip Perfekt + werden (Infinitiv)

Der Kuchen **kann gegessen werden**.

Das Haus **muss geputzt werden**.

Die Fenster **dürfen geöffnet werden**.

Der Junge **soll begleitet werden**.

Verweis: zur Bildung von Passiv Präsens und zur Konjugation von *werden* siehe
→ *Deutsch für Besserwisser A2*, S. 44ff.

Vorsicht!

~~Ich weiß, dass die Grammatik muss gelernt werden.~~

Ich weiß, dass die Grammatik ~~muss~~ gelernt werden muss.

Ü23 **Partytime: Was alles gemacht werden muss ...**

In diesen Sätzen fehlt der Infinitiv *werden*. Ergänzen Sie diesen an der richtigen Stelle.

1. Für unsere Party müssen zuerst die Gäste eingeladen.

   Für unsere Party müssen zuerst die Gäste eingeladen werden.

2. Und niemand darf vergessen.

   _____

3. Dann muss für Essen und Trinken gesorgt.

   _____

   _____

4. Es ist klar, dass die Ausgaben geteilt müssen.

   _____

   _____

5. Die Einkäufe sollen zusammen erledigt.

   _____

   _____

6. Das Schlimmste ist, dass alles nach Hause geschleppt muss.

   _____

   _____

7. Dann muss der Raum geschmückt.

   _____

8. Ich denke, ein richtiger DJ sollte auch noch organisiert.

   _____

   _____

9. Die Musik muss für diesen Abend gut ausgewählt.

    _____

    _____

10. Schließlich weiß ja jeder, dass bei einer richtigen Party unbedingt getanzt muss.

    _____

    _____

 Ü24 Sind Sie aktiv oder passiv im Haushalt?
Hören Sie den Satz im Aktiv und sagen Sie ihn im Passiv wie im Beispiel.

1. Ich muss die Fenster putzen.

    Die Fenster müssen geputzt werden.

B.2.b Passiv der Vergangenheit

Das Paket war schon abgeholt. Vor einer Stunde war Ihr Kollege da.

Wo ist der Fehler? Schreiben Sie den Satz richtig:

_____

Regel

Passiv Präsens:	**werden (Präsens) + Partizip Perfekt**
	Er **wird angerufen**.

Passiv Präteritum:	**werden (Präteritum) + Partizip Perfekt**
	Er **wurde angerufen**.

Passiv Perfekt: **werden (Perfekt) + Partizip Perfekt**

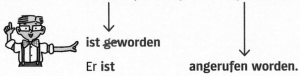

ist geworden

Er **ist**   **angerufen worden**.

Passiv Plusquamperfekt: **werden (Plusquamperfekt) + Partizip Perfekt**

war geworden

Er **war**   **angerufen worden**.

Grammatik-Tipp

Im Passiv Perfekt werden alle Verben mit **sein** konjugiert. Wie praktisch!

Perfekt:	Er **hat** den Kuchen **gegessen**.
Passiv Perfekt:	Der Kuchen **ist** gegessen **worden**.

Vorsicht!

~~Ich bin aber alt worden!~~

Ich bin aber alt geworden!

Ü25 Das wurde doch schon längst gemacht!
**Ergänzen Sie die Verben aus dem Schüttelkasten im Präsens und
im Passiv Präteritum.**

Bescheid geben • sortieren • kündigen • besprechen • tragen • scannen •
~~bringen~~ • erstellen • schreiben • machen

1. ● Ich *bringe* jetzt die Briefe zur Post.

   ▨ Sie *wurden* doch schon zur Post *gebracht*!

2. ● Ich _____ jetzt die E-Mail an den Chef.

   ▨ Sie _____ doch schon _____!

3. ● Ich _____ dann mal die Papiere hier.

   ▨ Sie _____ doch schon _____!

4. ● Dann _____ ich schon mal einen Kaffee.

   ▨ Er _____ doch schon längst _____!

5. ● Dann _____ ich die alten Ordner in den Keller.

   ▨ Sie _____ schon in den Keller _____!

6. ● Ich _____ schon mal den Kollegen _____, dass wir später kommen.

   ▨ Ihnen _____ doch schon _____!

7. ● Dann _____ ich schon mal die Unterlagen.

   ▨ Sie _____ doch schon _____!

8. ● Dann _____ ich mit dem Chef, was wir diese Woche tun müssen.

   ▨ Das _____ doch schon längst _____!

9. ● Dann _____ ich mal die Liste für die neue Bestellung.

   ▨ Sie _____ doch schon _____!

10. ● Dann kann ich ja gleich _____, wenn ich nichts zu tun habe.

    ▨ Dir _____ doch schon _____!

Ü26 Und noch etwas üben ...

Bilden Sie Sätze. Der erste Teil steht im Passiv Plusquamperfekt, der zweite Teil im Präteritum. Was hat Max gemacht, nachdem ...?

1. von der Uni abholen • an den Strand fahren

   Nachdem er von der Uni abgeholt worden war, fuhr er an den Strand.

2. die Einkaufsliste schreiben • zu Hause liegen lassen.

   _____

   _____

3. Kinder zu Bett bringen • auf dem Sofa einschlafen.

   _____

   _____

4. der Kuchen backen • die Küche aufräumen

   _____

   _____

5. die E-Mail schreiben • vergessen wegzuschicken

   _____

   _____

6. der Urlaub buchen • seine Freundin keine Lust auf Mallorca haben

   _____

   _____

7. im Fitnessstudio einschreiben • nur ein einziges Mal hingehen

   _____

   _____

8. sein Vertrag verlängern • feiern gehen

   _____

   _____

Ü27 Fragen an die Stadtführerin

Bilden Sie aus den Vorgaben Fragen im Passiv Perfekt wie im Beispiel.

1. So eine schöne alte Stadt!   gründen

   Wissen Sie, wann die Stadt gegründet worden ist?

2. erneuern

3. erweitern

4. modernisieren

5. zerstören

6. hinzufügen

7. renovieren

8. neu bepflanzen

9. errichten

10. bauen

C. Verben in festen Verbindungen

C.1. Verben mit Präpositionen

Wo ist der Fehler? Schreiben Sie den Satz richtig:

_____

Lern-Tipp

Sicherlich lernen Sie die Nomen immer zusammen mit dem Artikel – Sie haben verstanden, dass es zum Genus nicht genug exakte Regeln gibt!

Genauso sollten Sie es mit den Verben mit Präpositionen machen:

Lernen Sie die Verben immer zusammen mit der Präposition!

    denken **an**, warten **auf**

Am besten auch **mit einem kleinen Beispielsatz**:

    Ich denke **an dich**.

So wissen Sie gleich: **denken an + Akkusativ!**

Ü28 Aufträge für einen Praktikanten

Welche Satzteile passen zusammen? Kombinieren Sie.

1. Zuerst senden Sie bitte diese Unterlagen per Fax

2. Dann laden Sie bitte per Rundmail alle Kollegen

3. Wir verabschieden uns heute

4. Bitte sorgen Sie im Mitarbeiterzimmer

5. Wenn Sie mit dieser Aufgabe fertig sind, melden Sie sich bitte

6. Helfen Sie ihm bis zur Mittagspause

7. Heute Nachmittag kümmern Sie sich dann bitte

8. Beschäftigen Sie sie doch bitte

9. Suchen Sie mal im Keller

10. Und denken Sie bitte

11. Und dann, denke ich, freuen Sie sich

a) bei Herrn Ebner.

b) für genügend Geschirr und Gläser.

c) mit der Ablage in Zimmer 101.

d) an das neue Wochenprogramm. Es sollte bis heute Abend fertig sein.

e) um die neue Praktikantin.

f) an die Zentrale.

g) nach neuen Ordnern, dort müssten noch welche sein.

h) auf einen ruhigen Feierabend!

i) von einem Mitarbeiter, der in Rente geht.

j) zu einer kleinen Feier heute Mittag ein.

k) bei der Vorbereitung des Seminarraums.

1.	2.	3.	4.	5.	6.	7.	8.	9.	10.	11.
f										

Ü29 Partylärm

Ergänzen Sie die richtige Präposition aus dem Schüttelkasten.

um • auf • vor • bei • für • über • ~~zu~~ • auf • bei • auf • an • auf •
über • bei • von • an

▪ Hast du eigentlich auch deine Nachbarn _zu_ (1) deinem Geburtstagsfest eingeladen?

● Eingeladen habe ich sie, aber ich warte noch _____ (2) eine Antwort. Letztes Jahr

   hatten sie sich doch _____ (3) der Hausverwaltung _____ (4) den Lärm

   beschwert ...

▪ Das wundert mich nicht. Ich hätte mich an ihrer Stelle auch _____ (5) den Lärm

   geärgert, es war einfach zu laut!

● Stimmt. Ich habe mich am nächsten Morgen auch gleich _____ (6) ihnen entschuldigt,

   und da waren sie wirklich sehr nett. Sie haben mich sogar gefragt, ob ich Lust

   _____ (7) eine Tasse Kaffee hätte, nach so einer anstrengenden Nacht!

▪ Dieses Jahr musst du wirklich besser _____ (8) deine Musikanlage aufpassen und

   rechtzeitig _____ (9) Ruhe sorgen!

● Das hängt immer _____ (10) den Gästen ab! Dieses Jahr habe ich _____ (11) alle

   geschrieben, dass sie bitte niemanden mitbringen sollen. Ich fürchte mich wirklich

   _____ (12) solchen Szenen wie letztes Jahr!

▪ Erinnerst du dich noch _____ (13) das Fest bei Vincent? Er hatte 20 Leute eingeladen,

   aber 50 kamen ...

● Jetzt aber Schluss! Eigentlich freue ich mich ja _____ (14) mein Fest! Kannst du mir

   ein bisschen _____ (15) den Vorbereitungen helfen?

▪ Gern! Ich kümmere mich _____ (16) die Getränke, ja?

C

Grammatik-Tipp

Nicht vergessen:

Fragewörter für Verben mit Präpositionen:

wo + (r) + Präposition   →   **bei Sachen** (worauf, worüber, wofür, womit)

Präposition + wen/wem   →   **bei Personen** (auf wen, für wen, mit wem)

Ü30   Wie bitte?

Sie haben nicht richtig verstanden. Fragen Sie nach wie im Beispiel und benützen Sie das richtige Fragewort. Wird über eine Sache oder eine Person gesprochen?

1.   ■   Stell dir vor, Jakob hat sich gestern Abend mit Verena verabredet!

   ●   *Wie bitte? Mit wem hat sich Jakob verabredet?*

Landeskunde-Tipp

Wie korrekt sprechen die Deutschen?

Sicherlich können Sie auch bei manchen Deutschen hören: „~~An was~~ denkst du?" Sie wundern sich wahrscheinlich und denken: „Das heißt doch: **Woran** denkst du?" Natürlich haben Sie recht, aber so genau nimmt man es in der **Umgangssprache** nicht. So passieren auch den deutschen Muttersprachlern immer wieder Fehler bei den Präpositionalpronomen („~~Auf was~~ wartest du?"), bei der Satzstellung („Ich komme nicht, weil ~~das ist~~ mir zu weit!"), bei Adjektiv-Endungen („Isst du das mit diesem französisch~~em~~ Käse?"), bei Konjugationen („Frägst du mal deinen Freund?"), beim Artikel („Mach doch mal ~~den~~ Radio aus!"), und so weiter ... Trotzdem kann man den Sprecher gut verstehen und deshalb wird das allgemein akzeptiert.

Warum ist das **gut für Sie**?   Sie brauchen sich keinen Stress zu machen, denn es ist nicht so schlimm, wenn nicht alles fehlerfrei ist!

Warum ist das **nicht so gut für Sie**?   In einer Prüfung sind das alles Fehler – also gewöhnen Sie sich bitte nicht daran!

Fazit: Korrigieren Sie ruhig auch mal einen deutschen Freund oder eine deutsche Freundin!

Grammatik-Tipp

Nicht vergessen:

Präpositionalpronomen zeigen ...

→ etwas ist schon bekannt:

Tim wollte **mir den Schlüssel bringen. Darauf warte** ich noch.

→ eine wichtige Information kommt noch:

Ich **warte** noch **darauf, dass Tim mir den Schlüssel bringt.**

genauso: da**für**, da**mit**, da**unter**, da**ran** ...

Vorsicht!

Auch hier – wie bei den Fragewörtern – funktioniert das **nicht bei Personen**!

Präposition + Personalpronomen:

Im letzten Urlaub habe ich **Marco** kennengelernt. Ich **denke** oft **an ihn**.

Für eine gründliche Wiederholung siehe auch
→ *Deutsch für Besserwisser A2*, S. 55–71

Ü31 Tut mir leid, daran habe ich nicht gedacht!
Hören Sie und antworten Sie wie im Beispiel.

1. ▪ Hast du an deinen Pass gedacht?

2. ● *Nein, daran habe ich nicht gedacht!*

Ü32 Eine schwierige Beziehung
Ergänzen Sie die fehlenden Wörter.

Mein Liebster!

Gestern Abend hatten wir, wie ich finde, ein wirklich gutes Gespräch _über_ (1) unsere

Situation, und ich habe in der Nacht noch lange _____ (2) nachgedacht. All das

möchte ich jetzt gern ____ (3) dich schreiben.

Aber _____ (4) soll ich anfangen?

Vielleicht _____(5): Ich habe mich wirklich _____ (6) gefreut, dass du

dich _____ (7) mir _____ (8) meine Geduld und Toleranz bedankt hast. Ich hatte mich

nämlich oft _____ (9) geärgert, dass alles so selbstverständlich für dich war.

Mir war klar, als ich mich ____ (10) dich verliebt hatte, dass ich mich _____ (11)

gewöhnen musste, oft alleine zu sein. Du musstest ____ (12) so vielen Seminaren

teilnehmen, dich ____ (13) deine Projekte kümmern und dich _____ (14) deine Arbeit

konzentrieren. Aber dann hast du dich auch noch ____ (15) diese Stelle in London

beworben, und da wurde mir klar, dass du nur _____ (16) einer großen Karriere träumst

und nicht ____ (17) unser gemeinsames Leben denkst. Du hast einfach _____

(18) gehofft, dass ich alles akzeptiere und mitmache. Das habe ich ja auch, denn ich

hatte Angst _____(19), dich zu verlieren. Und du hast mich nie _____

(20) gefragt, wie ich mir eigentlich unser gemeinsames Leben vorstelle ...

Ich denke, ich muss mich _____ (21) der Vorstellung verabschieden, dass wir beide bald

eine Familie haben könnten. Ich werde mich _____(22) jeden Moment freuen, den

wir gemeinsam verbringen können, aber ich muss _____ (23) aufhören, immer nur

_____ (24) zu warten.

Ein jeder von uns soll weiter _____ (25) seinem Glück suchen, und vielleicht ist das ja

eines Tages ein gemeinsames Leben?

Ich umarme dich,

Isabel

C.2. Nomen-Verb-Verbindungen

Wo ist der Fehler? Schreiben Sie den Satz richtig:

Regel

Nomen-Verb-Verbindungen sind feste Verbindungen, die der Sprache meistens einen formellen Charakter geben. Oft kann man sie durch ein einfaches Verb ersetzen. Aber nicht immer!

eine **Frage stellen**	etwas fragen
eine **Antwort geben**	antworten

aber:

einen **Gefallen tun**	~~gefallen~~

Wortschatz-Tipp

Viele **Nomen-Verb-Verbindungen** sollte man am besten als festen Ausdruck zusammen mit ihrer Bedeutung lernen.

eine **Rolle spielen**	= wichtig sein
jemandem einen **Gefallen tun**	= jemandem bei etwas helfen
keine **Ahnung haben**	= etwas nicht wissen (umgangssprachlich!)

Vorsicht!

Die Verben **tun** und **machen** sind bei den Nomen-Verb-Verbindungen **nicht identisch**.

 ~~Eindruck tun/Gefallen machen~~   Eindruck machen/Gefallen tun

Ü33 Passende Verbindungen

Wo sind Nomen-Verb-Verbindungen? Markieren Sie die entsprechenden Verben und die Nomen + Artikel.

1. Susannes Hobbys sind Gitarre spielen und Singen. Überhaupt <u>spielt</u> Musik in ihrem Leben <u>eine</u> wichtige <u>Rolle</u>.

2. Ein Neuanfang im Ausland ist oft schwer. Man muss erst wieder neue Freunde finden und oft ohne die Familie alle Entscheidungen selbst treffen. Doch wenn man sich dann erstmal an das neue Zuhause gewöhnt hat, kann man viele neue Erfahrungen sammeln.

3. „Ich habe überhaupt keine Ahnung, wie dieses blöde Gerät funktioniert. Kannst du mir bitte einen Gefallen tun und mir zeigen, wie das geht?"

4. Als ich letztes Jahr zum zweiten Mal einen Sprachkurs in England besuchte, habe ich viele alte Bekannte getroffen.

5. „Darf ich dir mal eine Frage stellen? Wozu sammelst du eigentlich diese ganzen Schuhe, wenn du sie dann gar nicht anziehst? Wenn ich dir einen Rat geben darf: Verschenk sie einfach!"

6. „Leider kann ich Ihnen noch keine endgültige Antwort wegen der Stelle geben. Wir müssten erst noch ein persönliches Gespräch führen. Aber bisher haben Sie einen sehr guten Eindruck auf uns alle gemacht."

7. „Wir müssen endlich eine Lösung für unser Problem finden. Am besten macht jetzt jeder mal einen Vorschlag und dann sehen wir weiter."

8. Ich habe immer noch Hoffnung, dass ich eines Tages Sanaa im Jemen besuchen kann.

9. „Du stellst nichts als Forderungen, aber tust selbst nichts!"

10. Nelson Mandela hat sein Leben lang einen Kampf gegen die Apartheid geführt.

Ergänzen Sie nun die Tabelle. Welche festen Nomen-Verb-Verbindungen finden Sie im Text?

Nomen	Verb	Nomen	Verb
▪ _____	führen	▪ _____	tun
▪ _____			
▪ _____	sammeln	▪ _____	treffen
▪ _____	finden	▪ *eine Rolle*	spielen
▪ _____	stellen	▪ _____	besuchen
▪ _____			
▪ _____	machen	▪ _____	geben
▪ _____		▪ _____	
▪ _____	haben		
▪ _____			

Ü34 **Übungen machen oder üben?**

Kombinieren Sie. Welche Nomen-Verb-Verbindung ersetzt welches Verb?

1. eine Entscheidung treffen	a)	sprechen mit
2. eine Frage stellen	b)	jemanden beeindrucken
3. Eindruck machen	c)	etwas fragen
4. Gespräche führen	d)	sich für etwas entscheiden
5. eine Antwort geben	e)	etwas vorschlagen
6. Vorschläge machen	f)	hoffen
7. einen Rat geben	g)	jemandem etwas raten
8. Hoffnung haben	h)	antworten
9. einen Kampf führen	i)	fordern
10. eine Forderung stellen	j)	kämpfen

1.	2.	3.	4.	5.	6.	7.	8.	9.	10.
d									

Ü35 Sagen Sie es formeller!

Ergänzen Sie die Lücken. Dann hören Sie und versuchen Sie, frei zu antworten.

1. ● Hast du dich entschieden?

   ■ Nein, ich habe noch keine *Entscheidung getroffen.*

   Nein, ich habe keine Entscheidung getroffen.

2. ● Hat der Chef dir schon geantwortet?

   ■ Ja, er hat mir schon eine _____

3. ● Hast du ihm etwas vorgeschlagen?

   ■ Nein, ich habe ihm keinen _____

4. ● Hat er mit ihr gesprochen?

   ■ Ja, sie haben ein _____

5. ● Hat der Arzt dir etwas geraten?

   ■ Ja, er hat mir einen _____

6. ● Hat der Film die Leute beeindruckt?

   ■ Ja, er hat _____

7. ● Hat er noch immer auf den neuen Job gehofft?

   ■ Nein, er hat keine _____ mehr _____

8. ● Hast du ihn etwas gefragt?

   ■ Ja, ich habe ihm eine _____

9. ● Hat er viel gefordert?

   ■ Nein, er hat keine _____

10. ● Hast du lange gekämpft?

    ■ Nein, ich habe keinen langen _____

C.3. Ausdrücke mit *es*

Ich liebe, in der Hängematte zu liegen.

Wo ist der Fehler? Schreiben Sie den Satz richtig:

_____

Was soll's!

Markieren Sie im Text alle *es*.

<u>Es</u> regnet seit Tagen, ich bin erkältet und <u>es</u> geht mir so richtig schlecht. (1) Ich liege nur

noch im Bett und finde es egal, was die anderen dazu sagen. (2) Ich habe es nicht eilig

aufzustehen und es ist jetzt wirklich notwendig, dass ich richtig gesund werde.

(3) Schließlich ist die Gesundheit das Wichtigste, was es gibt. (4) Es tut mir leid, dass ich

so viel an der Uni verpasse – es gefällt mir ja selbst nicht, aber was soll's! (5) Irgendwie

ist es ja auch richtig gemütlich in meinem Bett. (6) Ich liebe es, mich unter der Decke zu

vergraben und den ganzen Tag zu lesen. (7) Und wenn es an der Haustür klingelt, bin

ich einfach nicht da! (8) Ach, ich habe es wirklich gut! (9)

Wortschatz-Tipp

In der Umgangssprache sagt man oft **Was soll's! (= Was soll es!)** und meint damit **Das ist egal! / Kein Problem!**

- Schon wieder das *es* vergessen?
- Ach, was soll's! Es gibt Schlimmeres!

Regel

Es kann in festen Verbindungen als **unpersönliches Objekt** oder **unpersönliches Subjekt** stehen. Dann ist es **obligatorisch:**

Er hat **es** eilig. / Sie hat **es** schwer.

Es regnet. / **Es** schneit. / **Es** ist heiß.

Es ist Mittag. / **Es** ist spät. / **Es** ist 14 Uhr.

Es geht mir gut. / **Es** gefällt mir.

Es klingelt. / **Es** klopft.

Es kann aber auch auf einen **Nebensatz** oder **Infinitivsatz** verweisen.

Es tut mir leid, **dass ich heute nicht kommen kann**.

Es ist schön **zu leben**.

Vorsicht!

Wenn der **Nebensatz** oder **Infinitivsatz am Anfang** steht, **fällt es weg.**

Ich finde **es** interessant, Sprachen zu lernen.

Sprachen zu lernen, finde ich interessant.

Ich finde **es** gemein, dass du mich nicht mitgenommen hast.

Dass du mich nicht mitgenommen hast, finde ich gemein.

Ü37 Nachbarschaft

Mit oder ohne *es*? Schreiben Sie *es* in die Lücke, wo es notwendig ist.

1. *Es* ist wirklich komisch, dass wir uns noch nie gesehen haben, obwohl wir seit einem Jahr Nachbarn sind.

2. Aber ich finde ____ klasse, dass wir uns jetzt unterhalten.

3. Dass ich nun jemanden kenne, der auch aus dem Ausland kommt, ____ ist wunderbar.

4. ____ ist interessant, dass wir auch noch die gleichen Hobbys haben.

5. Dass wir da mal was zusammen unternehmen, ____ ist total klar.

6. Dass ich aber heute noch keine Zeit habe, ____ tut mir wirklich leid.

7. ____ ist leider auch noch unsicher, wann ich die nächste Woche frei habe.

8. Aber ____ ist selbstverständlich, dass ich mich gleich melde, sobald ich etwas weiß.

9. Dass wir in Kontakt bleiben, ____ ist jetzt erstmal am wichtigsten.

10. Also dann – bis bald! ____ ist schön, dass wir uns getroffen haben.

Ü38 Elterngespräche – Findest du nicht auch?

Hören Sie und antworten Sie wie im Beispiel.

1. Es ist nett, dass er da ist. Findest du nicht auch?
   Ja, dass er da ist, ist nett.

2. Es ist wunderbar, dass er heute kocht. Findest du nicht auch?

3. Es ist ganz normal, dass er jemanden mitgebracht hat. Findest du nicht auch?

4. Es passt uns ganz ausgezeichnet, dass er schon einen Tag früher gekommen ist. Findest du nicht auch?

5. Es ist selbstverständlich, dass wir ihn später nach Hause begleiten. Findest du nicht auch?

6. Es ist ganz prima, dass er sich erstmal Urlaub genommen hat. Findest du nicht auch?

7. Es ist erstaunlich, dass er so schnell einen Job gefunden hat. Findest du nicht auch?

8. Es ist komisch, dass er so wenig über sich erzählt. Findest du nicht auch?

9. Es ist schade, dass er nicht so oft nach Hause kommt. Findest du nicht auch?

10. Es ist schön, dass wir ihn haben. Findest du nicht auch?

Wortschatz-Tipp

Es gibt einige **feste Verbindungen** mit **es**:

Er hat **es** gut.

Ich habe **es** schwer.

Ich habe **es** eilig.

Sie meint **es** ernst.

C.4. Verbvalenz

Wo ist der Fehler? Schreiben Sie den Satz richtig:

Regel

Das **Verb „regiert"** den Satz. Es sagt, welche **Ergänzungen** es braucht.

Einige Verben brauchen **keine Ergänzungen**:

Das Kind schläft.   Der Vogel fliegt.

Eine große Gruppe von Verben braucht eine **Ergänzung im Akkusativ**:

Ich habe **einen Hund**.   Wir besuchen **unsere Eltern**.

Eine kleinere Gruppe von Verben braucht eine **Ergänzung im *Dativ***:

Er hilft *mir*.   Das Auto gehört *meinem Freund*.

Auch eine große Gruppe von Verben braucht **beide Ergänzungen**.

Hier steht meist die ***Person im Dativ*** und die **Sache im Akkusativ**:

(siehe Deutsch für Besserwisser A2 S.166)

Ich leihe *meiner Freundin* **ein Buch**.   Mein Vater hat *mir* **ein Smartphone** geschenkt.

Außerdem gibt es noch sehr wenige Verben, die eine Ergänzung im Genitiv brauchen.

→ *Das ist Stoff der Niveaustufe B2.*

Ü39 **Frust im Alltag**

Unterstreichen Sie die Akkusativ-Ergänzungen und kreisen Sie die Dativ-Ergänzungen ein. Vorsicht: Ergänzungen mit Präpositionen sind hier nicht wichtig!

1. Mein Kollege ärgert <u>mich</u> wirklich. Er räumt nie seinen Schreibtisch auf, wenn er telefoniert, höre ich alle seine Gespräche, weil er so laut ist, und dann bringt er (mir) immer irgendwelche Joghurts mit, die mir nicht schmecken.

2. Mein Mann hört mir nie zu! Und dann schimpft er mich: „Du hast mir nichts davon erzählt!"

3. Unser Abteilungsleiter antwortet den Kunden immer so unfreundlich! Wenn das so weitergeht, schadet das noch unserem Geschäft!

4. Meiner Chefin ist wirklich ein großer Fehler passiert, aber es fällt ihr überhaupt nicht ein, sich zu entschuldigen!

5. Jetzt haben wir gestern Abend das neue Restaurant in der Innenstadt ausprobiert. Es hat uns nicht geschmeckt, war teuer und der Service hat uns nicht gefallen. Das war ein Tipp von meinem Nachbarn – in Zukunft werde ich ihm bei solchen Dingen nicht vertrauen!

6. Das verletzt mich und tut mir weh, wenn du immer so gemein zu mir bist!

7. Mein kleiner Sohn gehorcht mir momentan überhaupt nicht! Er folgt nur seinen Freunden und macht allen möglichen Unsinn!

8. Mir reicht's!

Tragen Sie die Verben in die Tabelle ein.

Verben mit Akkusativ-Ergänzung	Verben mit Dativ-Ergänzung	Verben mit Dativ- und Akkusativ-Ergänzung
ärgern		

Wortschatz-Tipp

Mir reicht's! = Es reicht mir. / Das ist genug für mich.

Das ist Umgangssprache und bedeutet:

Ich hatte zu viel Ärger/Stress/Anstrengung und will mit dieser Sache jetzt nichts mehr zu tun haben.

Lern-Tipp

Auch hier gilt, wie beim Genus von Nomen oder bei den Verben mit Präpositionen:

→ **lernen!**

Am besten merkt man sich die **Verben mit Dativ**, denn das ist die kleinste Gruppe.

- **im Vokabelheft mit einer bestimmten Farbe markieren**

- **in Klammern hinter das Verb (D!) schreiben**

- **einen kleinen Beispielsatz notieren:**   Mein Freund hilft **mir**.

Vorsicht!

Die Verben **sein, bleiben, werden** und **heißen** haben als **Ergänzung** einen **Nominativ**!

Bella (ist) eine wunderschöne Braut.

Klara (bleibt) einfach **eine fantastische Schülerin**.

Felix (wird) sicherlich einmal **ein Schauspieler**.

Das Meer im Norden von Deutschland (heißt) **Nordsee**.

Ü40 *mir* und *mich* verwechsle ich nicht!

Ergänzen Sie die fehlenden Wörter im richtigen Kasus.

1. ▪ Stell dir vor, gestern habe ich *einen* (ein) sehr netten jungen Mann

   kennengelernt.

   ● Wo hast du _____ (er) denn getroffen?

   ▪ Er ist _____ (ich) auf dem Weg zum Bahnhof begegnet und hat _____ (ich)

   geholfen, _____ (der) schweren Koffer zu tragen.

   ● Hey, das gefällt _____ (ich)! Ein Kavalier!

2. ▪ Meine Eltern haben _____ (ein) Hund gekauft. Das ist _____ (eine)

   Katastrophe, denn er gehorcht _____ (sie) überhaupt nicht!

   ● Sie sollten _____ (er) in einer Hundeschule trainieren ...

   ▪ Stimmt, sie brauchen _____ (ein) guten Hundetrainer.

3. ▪ Hast du schon gehört? Philipp und Anna bekommen _____ (ein) Baby!

   ● Wie schön! Philipp wird bestimmt _____ (ein) toller Vater.

   ▪ Das glaube ich auch. Ich besuche _____ (sie) im Sommer, dann werde ich

   _____ (du) berichten!

4. ▪ Du hast _____ (ich) und _____ (meine) Familie unglaublich geholfen.

   Ich weiß gar nicht, wie ich _____ (du) danken soll!

   ● Ach was, es genügt _____ (ich), dass ich _____ (euer) Erfolg sehe.

   Außerdem hat es _____ (ich) wirklich Spaß gemacht!

Wortschatz-Tipp

Im Deutschen sind die Pronomen für **Tiere** männlich oder weiblich, wie bei **Personen**:

Eine Hundedame ist „sie",

ein Kater ist „er".

Wenn ich das Geschlecht nicht weiß, folge ich dem Nomen:
Der Vogel ist „er", die Zikade ist „sie" und das Rind ist „es".

D.	**Ergänzungen**	66
D.1.	Genitiv	66
D.2.	**Präpositionen**	70
D.2.a	*wegen – trotz*	70
D.2.b	*innerhalb – außerhalb – um ... herum – an ... entlang*	75
D.2.c	*vor – nach – während – bei*	79
D.2.d	*außer – ohne*	82
E.	**Attribute**	84
E.1.	**Attributive Adjektive**	84
E.2.	**Komparativ und Superlativ vor Nomen**	90
F.	***n*-Deklination**	94
G.	**Genus-Regeln**	99

D. Ergänzungen

D.1. Genitiv

Wo ist der Fehler? Schreiben Sie den Satz richtig:

_____

_____

Lern-Tipp

In der Umgangssprache wird fast kein Genitiv mehr benützt, außer bei Eigennamen:

> Das ist **Sabines Auto**, und das ist **Georgs Fahrrad**.

Meist finden Sie die Ersatzform **von (+ Dativ)**:

> Das ist **das Auto von meiner Mutter**.

Allerdings begegnet Ihnen der Genitiv häufig in der geschriebenen Sprache und generell in stilistisch besserem Deutsch!

Regel

Das ist der Name …   Das sind die Namen …

maskulin	feminin	neutral	Plural
des Vater**s**	**der** Mutter	**des** Kind**es**	**der** Eltern
ein**es** Freund**es**	ein**er** Freundin	ein**es** Buch**es**	(von Früchten)
mein**es*** Freund**es**	mein**er** Freundin	mein**es** Schiff**es**	mein**er** Kinder

* auch alle anderen Possessivartikel!

Auf die Frage **wessen?** nennt das Nomen im Genitiv den Besitzer:

Wessen Tasche ist das? – Das ist die Tasche meiner Mutter.

Genitiv bei Eigennamen:

→ *Deutsch für Besserwisser A2*, S. 103/104

Vorsicht

Maskuline und **neutrale** Nomen haben im Genitiv die **Endung**

-**s**:   Nomen mit mehr Silben (des Monat**s**, des Gebäude**s**, des Fenster**s**)

-**es**:   Nomen mit einer Silbe (des Tag**es**, des Jahr**es**, des Haus**es**)

-**ses**:   Nomen auf -**nis** (des Geheimni**sses**, des Zeugni**sses**, des Ergebni**sses**)

Ü1   **Ich kann es nicht glauben!**
Hören Sie und antworten Sie wie im Beispiel.
Vorsicht: Achten Sie auf die richtigen Possessivartikel!

1. ■   Das kann doch nicht die Freundin von deinem Bruder sein!

    ●   *Doch! Das ist die Freundin meines Bruders.*

Ü2 **Wann ist etwas gut?**

Ersetzen Sie den Ausdruck in Klammern durch einen Genitiv. Das klingt viel besser, nicht wahr?

1. Der Anfang *eines Buches* (von einem Buch) ist besonders wichtig, damit der Leser

   sofort von der Atmosphäre _____ (von der Geschichte)

   eingefangen wird.

2. Der Erfolg _____ (von einem Restaurant) hängt von

   der Qualität _____ (von der Küche) und der Freundlichkeit

   _____ (vom Service) ab.

3. Die Stärke _____ (vom Motor) und die Bequemlichkeit

   _____ (vom Innenraum) machen den Wert

   _____ (von einem Auto) aus.

4. Die Auswahl _____ (von den Gewürzen) ist wichtig für den

   Geschmack _____ (von einem Essen).

5. Die Schönheit _____ (von einem Kleid) kann das Aussehen

   _____ (von einer Frau) verbessern, aber nicht verändern.

6. Die Schnelligkeit _____ (von einem Schiff) hängt von der

   Form _____ (vom Schiffskörper) und der Stärke

   _____ (vom Wind) ab.

7. Was bestimmt die Spannung _____ (von einem Film): die Kunst

   _____ (von den Schauspielern) oder die Arbeit

   _____ (vom Regisseur)?

8. Die Qualität _____ (vom Deutschunterricht)

   hängt von der Erfahrung _____ (vom Lehrer) und dem sinnvollen

   Aufbau _____ (vom Lehrbuch) ab.

Ü3 **Ein Gärtner und sein Garten**

Ergänzen Sie die Nomen im richtigen Kasus.

Die Pflege (1) *eines Gartens* (ein Garten) braucht viel Zeit. Doch die Schönheit

(2) _____ (die Blumen) und der Geschmack (3) _____

(die Kräuter) und (4) _____ (das Gemüse) aus eigenem Anbau

sind der Lohn (5) _____ (die Arbeit).

Die meisten Tage (6) _____ (das Jahr) sieht man einen Gärtner draußen.

Nur im Winter kann er nichts machen. Da verbringt er jedoch viele Abende mit der

Lektüre (7) _____ (seine Gartenbücher). Aber auch

das Schneiden (8) _____ (ein Baum) passiert am besten im

Winter, wenn die Äste trocken sind. Im Sommer ist die größte Sorge eines

Hobbygärtners der Angriff (9) _____ (die Schnecken). Der

Anblick (10) _____ (ein Beet), in dem nur noch die abge-

fressenen Reste (11) _____ (seine Salatköpfe) stehen,

kann jeden Gärtner in tiefe Depression stürzen. Doch auch der Kauf

(12) _____ (ein Schneckengift) ist keine Lösung. Gift

ist eine Gefahr auch für das Leben (13) _____ (die Gartentiere),

die der Garten braucht.

Ich erinnere mich gern an den Satz (14) _____ (ein Freund): „Ich

pflanze in meinem Garten so viel, dass es für alle reicht – auch für die Schnecken!"

 Vorsicht!

Ich fahre heute ~~mit meines Freundes Auto~~ zu dir.

Ich fahre heute **mit dem Auto meines Freundes** zu dir.
Ich fahre heute **mit Herrn Schmidts Auto** zu dir.

Das Voranstellen des Besitzers ist heute nur noch bei Eigennamen üblich. Alles
andere klingt sehr altmodisch und für unsere Ohren nicht richtig – im besten Fall
noch poetisch, wie ein Buchtitel aus den 50er Jahren des letzten Jahrhunderts
„Meines Vaters Pferde"!

Ergänzungen **69**

D

D.2. Präpositionen

D.2.a *wegen – trotz*

So ein Mist! Jetzt können wir wegen das Wetter heute Abend keine Gartenparty machen!

Wo ist der Fehler? Schreiben Sie den Satz richtig:

_____

_____

Regel

kausal:

Benni fährt **wegen des schlechten Wetters** heute nicht an den See.
↓
Grund

konzessiv:

Benni fährt **trotz des schlechten Wetters** heute an den See.
↓
„Gegengrund"

Beide Präpositionen brauchen den **Genitiv**!

Vorsicht!

In der Umgangssprache hört man oft **wegen/trotz + Dativ** – das ist **akzeptabel**, aber grammatikalisch eigentlich **nicht korrekt**.

Ü4 Wegen des starken Schneefalls

Ordnen Sie zu – was passt zusammen?

1. Trotz ihrer finanziellen Probleme
2. Wegen des starken Schneefalls
3. Trotz des heftigen Regens
4. Trotz ihrer Schmerzen im Fuß
5. Wegen seiner gesunden Ernährung
6. Trotz des harten Trainings
7. Wegen seiner Kinder
8. Wegen seiner Fremdsprachenkenntnisse
9. Trotz ihrer vielen Arbeit
10. Wegen der Hitzewelle

a) findet heute die Eröffnung des neuen Sportplatzes statt.

b) fliegt Karen im Winter für vier Wochen nach Thailand.

c) sind die Wiesen und Felder viel zu trocken.

d) fährt Uli mit seinem Fahrrad besonders schnell den Berg hoch.

e) hat Ulf doch nicht die Stelle im Ausland angenommen.

f) wurde heute die Autobahn geschlossen.

g) hat Helga immer Zeit für ihre Kinder.

h) ist Ulla nur auf den vierten Platz gekommen.

i) wandert Elisabeth im Sommer durch Schottland.

j) hat er die Stelle im Tourismusbüro bekommen.

1.	2.	3.	4.	5.	6.	7.	8.	9.	10.
b									

Ü5 Trotz des Genitivs

Ergänzen Sie die Sätze mit den Präpositionen *wegen* und *trotz* und den Nomen in Klammern in der richtigen Form.

1. ■ Hast du schon gehört? Im Gebirge sind die meisten Skilifte _wegen des schlechten_

    Wetters (das schlechte Wetter) geschlossen worden.

   ● Schade! Gerade hatte ich meinen Freund überredet, dass wir _____

    _____ (unser Examen) am Wochenende in die Berge fahren ...

2. ■ Stell dir vor, _____

   (meine neue Stelle) können wir dieses Jahr gar keinen Urlaub machen!

   ● Das war mir klar. Ich habe ja auch _____

   (deine Probezeit) gar nichts gebucht. Wir machen es uns einfach zu Hause

   nett – Urlaub in „Balkonien"!

3. ■ Gestern Abend musste ich doch tatsächlich _____

   _____ (mein Husten) die Theatervorstellung verlassen.

   ● Du Arme! Musstest du _____ (deine Medizin)

   so heftig husten?

4. ■ Schau mal! Ich habe auf unserer Wanderung _____

   _____ (der bewölkte Himmel) einen Sonnenbrand bekommen!

   ● Oh ja, wirklich! Und auch _____

   (die Sonnencreme)!

5. ■ Dieses Jahr werde ich _____ (mein Hund) im

   Sommer nicht lange wegfahren. Er ist schon so alt!

   ● Das verstehe ich.

6. ■ Ich kann gar nicht glauben, dass so viele Leute _____

   _____ (der hohe Preis) Markenklamotten kaufen!

   ● Ja, und dabei ist ihnen oft das Aussehen gar nicht so wichtig, sie kaufen es

   hauptsächlich _____ (der Name*)!

7. ■ Das finde ich wirklich sehr nett von dir, dass du _____

   _____ (der Geburtstag) deiner Schwester heute Zeit für mich hast!

   ● Das ist kein Problem! Eben _____

   (ihr Geburtstag) sind bei uns zu Hause so viele Leute, dass es gar nicht

   auffällt, wenn ich nicht da bin!

* n-Deklination: siehe Kapitel F., S. 94

Wortschatz-Tipp

es sich gemütlich/nett machen (+Dativ)

Da gibt es viele Möglichkeiten! Bei Regenwetter zu Hause auf dem Sofa sitzen und einen heißen Tee trinken, am Wochenende im Garten im Liegestuhl in der Sonne liegen, einen gemütlichen Tag in der Stadt verbringen, bummeln und shoppen ... und so weiter!

Lerntipp

Mit den **Präpositionen** *wegen* und *trotz* kann man einen ganzen **kausalen** oder **konzessiven Nebensatz** ersetzen:

> Sie geht heute nicht spazieren, **weil das Wetter schlecht ist**.
> Sie geht heute **wegen des schlechten Wetters** nicht spazieren.

> Er ist noch pünktlich gekommen, **obwohl der Bus Verspätung hatte**.
> Er ist **trotz der Verspätung des Busses** noch pünktlich gekommen.

Umgangssprache → Tendenz zum **Nebensatz**

geschriebene Sprache, stilistisch besseres Niveau → Tendenz zur **präpositionalen Ergänzung**

Ü6) Alles eine Frage des Stils

Formen Sie die Nebensätze in präpositionale Ergänzungen mit *wegen* oder *trotz* um. Vorsicht: Achten Sie auch auf die Personalpronomen und die Adjektiv-Endungen!

1. Stella kann heute nicht arbeiten, weil sie eine Verletzung am Fuß hat.

   Stelle kann heute *wegen ihrer Verletzung am Fuß* nicht arbeiten.

2. Die Wanderung fand statt, obwohl der Wind sehr stark war.

   Die Wanderung fand _____ statt.

3. Heute habe ich den Zug verpasst, weil mein Bus Verspätung hatte.

   Heute habe ich _____

   den Zug verpasst.

4. Bernd lernte den ganzen Tag auf seine Prüfung, obwohl er heftige Kopfschmerzen hatte.

Bernd lernte den ganzen Tag _____

auf seine Prüfung.

5. Das Konzert wurde abgesagt, weil die Pianistin eine Erkältung hatte.

Das Konzert wurde _____.

6. Gestern Nacht konnte ich lange nicht einschlafen, weil ich kalte Füße hatte.

Gestern Nacht konnte ich _____ lange

nicht einschlafen.

7. Lisa hat im Zeugnis doch noch eine gute Note bekommen, obwohl ihre Präsentation schlecht war.

Lisa hat _____ im

Zeugnis doch noch eine gute Note bekommen.

8. Christina hat kein Appartement gefunden, obwohl sie intensiv gesucht hat.

Christina hat _____ kein

Appartement gefunden.

Ü7 ## Das kann doch nicht wahr sein!
Hören Sie und antworten Sie wie im Beispiel. Verwenden Sie *trotz* oder *wegen*.

1. ■ Julius kann nicht in den Club mitkommen, weil er kein Geld hat.

● *Was? Nur wegen des Geldes?*

D.2.b *innerhalb – außerhalb – um ... herum – an ... entlang*

Wo ist der Fehler? Schreiben Sie den Satz richtig:

_____

_____

Ü8 Ein mittelalterliches Städtchen
Markieren Sie alle lokalen präpositionalen Ergänzungen.

Erholsame Ferien in Märklingen und Umgebung

Entdecken Sie den zauberhaften Urlaubsort Märklingen! Innerhalb des mittelalterlichen

Städtchens finden Sie wunderschön restaurierte Gebäude, ein hochinteressantes

Heimatmuseum und ausgefallene Geschäfte, die Kunsthandwerk der Region anbieten.

Aber auch außerhalb der Stadtmauern gibt es mehrere lohnende Ausflugsziele. Wenn

Sie an dem kleinen Fluss entlang wandern, kommen sie zu einer alten Schlossruine.

Um dieses Schloss herum liegt ein großer Park mit eindrucksvollen uralten Bäumen.

Doch auch das nahe Naturschutzgebiet ...

Kreuzen Sie an: Was ist richtig, was ist falsch?

		richtig	falsch

1. *innerhalb, außerhalb, um ... herum* und *an ... entlang*
   stehen mit Genitiv.   ☐   ☒

2. *innerhalb* und *außerhalb* stehen mit Genitiv.   ☐   ☐

3. *um ... herum* und *an ... entlang* stehen mit Dativ.   ☐   ☐

4. *um ... herum* und *an ... entlang* stehen mit Akkusativ.   ☐   ☐

5. *um ... herum* steht mit Akkusativ und *an ... entlang* steht
   mit Dativ.   ☐   ☐

6. *herum* und *entlang* können mit einem Verb kombiniert werden.   ☐   ☐

 Regel

innerhalb (+Gen.)   **innerhalb der Stadtmauer**

außerhalb (+Gen.)   **außerhalb der Stadtmauer**

an ... entlang (+Dat.)   **an der Stadtmauer entlang**

um ... herum (+Akk.)   **um die Stadt herum**

Ü9 Wo ist das?

Formulieren Sie die unterstrichenen Teile der Sätze anders mit den Präpositionen
innerhalb, außerhalb, an ... entlang und *um ... herum.*

1. <u>Auf dem ganzen Schulgelände</u> darf man nicht rauchen. –

   Innerhalb des Schulgeländes darf man nicht rauchen.

2. Ich möchte nicht im Zentrum leben, sondern lieber <u>in der Nähe der</u>

   <u>Stadt auf dem Land</u>. – Ich möchte nicht im Zentrum leben, sondern

   lieber _____.

3. Die alte Straße verläuft <u>parallel zur neuen Autobahn</u>. – Die alte Straße verläuft

   _____.

4. <u>Im Stadtgebiet von München</u> ist es schwer, eine preiswerte Wohnung zu finden. –

   _____ ist es schwer, eine preiswerte Wohnung zu finden.

5. <u>Am Rand des Dorfplatzes</u> stehen viele alte Bäume. –

   _____ stehen viele alte Bäume.

6. Am Unfallort standen viele Menschen <u>vor, neben und hinter dem brennenden Auto</u>. –

   Am Unfallort standen viele Menschen _____.

7. <u>Wenn man nicht in Bayern lebt</u>, kennt man manche bairischen Wörter nicht. –

   _____ kennt man manche bairischen Wörter nicht.

8. <u>Wenn man im Haus ist</u>, spürt man die Sommerhitze nicht so stark. –

   _____ spürt man die Sommerhitze nicht so stark.

9. Ich gehe am liebsten <u>auf dem Weg</u> spazieren, <u>der immer neben dem Fluss bleibt</u>. –

   Ich gehe am liebsten _____ spazieren.

10. Er musste lange <u>neben der Mauer</u> laufen, bis er das Tor fand. – Er musste lange

    _____ laufen, bis er das Tor fand.

Grammatik-Tipp

Die Präpositionen **innerhalb**, **außerhalb** und **um ... herum** können nicht nur **lokal**,
sondern auch **temporal** gebraucht werden!

Ü10 Wann ist das?

Bitte ergänzen Sie die passende Präposition – *innerhalb, außerhalb* **oder** *um ... herum* **– und setzen Sie die Nomen in Klammern in die richtige Form.**

1. Eine Ansage auf dem Anrufbeantworter: „Sie rufen *außerhalb unserer Geschäftszeiten* (unsere Geschäftszeiten) an. Diese sind von Montag bis Freitag von 8 Uhr bis 16 Uhr. "

2. _____ (die Ferienzeiten) ist das Sekretariat in der Schule leider nicht besetzt.

3. Hiermit fordere ich Sie auf, die Reparaturen _____ _____ (die nächste Woche) fertigzustellen, oder ich werde die Sache meinem Rechtsanwalt übergeben.

4. _____ (Weihnachten) erreicht man fast niemanden in den Büros, da alle Urlaub machen.

5. In den Geschäften ist es _____ (die Feiertage) immer sehr voll, weil viele Leute mehr Lebensmittel als sonst einkaufen.

6. Eine Ansage auf dem Anrufbeantworter: „_____ (die Sprechzeiten) wenden Sie sich bitte an den ärztlichen Notdienst."

7. Nicht jedes Studium kann man _____ (die Regelstudienzeit) beenden. Manchmal braucht man länger.

8. ■ Wie alt schätzt du ihn?

    ● Ich denke, er ist so _____ (die 50).

9. Wenn Sie _____ (die Hauptverkehrszeit) fahren, brauchen Sie für die Strecke nur 20 Minuten.

10. Ich möchte _____ (das nächste Jahr) die Renovierungen an unserem Haus durchführen.

Vorsicht!

In der **Umgangssprache** steht **innerhalb** und **außerhalb** auch oft mit **von (+ Dativ)** statt mit Genitiv:

Ein bisschen **außerhalb von der Stadt** gibt es viele schöne Seen.

D.2.c *vor – nach – während – bei*

Wo ist der Fehler? Schreiben Sie den Satz richtig:

_____

_____

Ü11 Rund um eine Einladung zum Essen

Markieren Sie in dem Text alle temporalen Präpositionen.

Bei der Begrüßung überreicht der Gast der Gastgeberin ein kleines Mitbringsel, zum

Beispiel Blumen oder eine Flasche Wein. Der Gastgeber bietet dann vor dem Essen

einen Aperitif an, manchmal mit Nüssen oder salzigem Gebäck.

Wenn sich alle an den Tisch gesetzt haben, beginnt in der Regel niemand vor der

Gastgeberin mit dem Essen. Man sollte sein Handy leise stellen und in die Tasche

stecken, damit es nicht während des Essens klingelt. Beim Essen werden Tischgespräche

geführt, doch sollte man nicht beim Kauen sprechen.

Raucher dürfen nach dem Essen rauchen, allerdings meist nur auf dem Balkon oder

der Terrasse.

Nach der Einladung, bei der Verabschiedung, bedanken sich die Gäste für den

schönen Abend.

Kreuzen Sie an: Was ist richtig, was ist falsch?

	richtig	falsch
1. *vor* und *nach* stehen mit Genitiv.	☐	☒
2. *während* steht mit Genitiv.	☐	☐
3. *vor*, *nach* und *bei* stehen mit Dativ.	☐	☐
4. *während* und *bei* stehen mit Dativ.	☐	☐

Regel

Temporale Präpositionen:

vor (+Dativ)   → ●

bei (+Dativ) |●

während (+Genitiv) |●●●●●|

nach (+Dativ)   ● →

Landeskunde-Tipp

Wenn Sie in Deutschland privat zum Essen eingeladen sind, sollten Sie eine Kleinigkeit **mitbringen**: Blumen, eine Flasche Wein oder etwas Süßes. **Pünktlichkeit** ist wichtig – aber bitte übertreiben Sie es nicht und kommen Sie nicht zu früh! Das versetzt die Gastgeber in Panik ... Bis zu einer Viertelstunde ist eine Verspätung akzeptabel, sollten Sie später kommen, müssten Sie sich dafür entschuldigen.

Fragen Sie die Gastgeber, ob Sie Ihre **Straßenschuhe ausziehen** sollen. Jede Familie hat in dieser Hinsicht ihre eigenen Regeln.

Beim Essen werden Sie nur einmal, höchstens zweimal gefragt, **ob Sie noch etwas möchten**. Das dürfen Sie gern sofort bejahen, wenn Sie noch hungrig sind, verbunden mit einem Lob, wie lecker es schmeckt! Die Gastgeber werden sich freuen. Falls Sie ablehnen – natürlich auch mit einem Lob der Küche! – werden die Gastgeber das akzeptieren und nicht mehrmals nachfragen.

Eine nette **Konversation** während des Essens ist erwünscht, jedoch sollten es keine ernsten Themen wie Krankheit, Politik oder Religion sein.

Geräusche beim Essen sollte man vermeiden, das gilt als sehr unhöflich.

Wenn man fertig ist mit dem Essen, kann man Messer und Gabel parallel auf eine Seite des Tellers legen. Das bedeutet, dass man wirklich satt ist. Die Serviette wird gefaltet neben den Teller gelegt.

Bevor man geht, sollte man sich für den netten Abend und das leckere Essen **bedanken**.

Ü12 Im öffentlichen Leben

Bitte ergänzen Sie die passende Präposition – *vor, nach, während* und *bei* – und setzen Sie die Nomen in Klammern in die richtige Form.

1. *Vor den Wahlen* (die Wahlen) machen die einzelnen Parteien viel Werbung für ihr Programm.

2. Oft ist es schwer für die gewählte Regierung, ihr Programm, das sie

   _____ (der Wahlkampf)

   versprochen haben, tatsächlich zu realisieren.

3. _____

   (die Filmpreis-Verleihung) treten die Stars in den teuersten und elegantesten

   Kleidern auf.

4. _____

   (das erfolgreiche Konzert) müssen die Musiker oft noch viele Autogramme geben.

5. _____

   (der Zweite Weltkrieg) sind viele bekannte Künstler ins Ausland gegangen.

   _____ (der Krieg) ist nur ein Teil von ihnen

   wieder nach Deutschland zurückgekehrt.

6. _____ (der Fernsehauftritt) werden

   alle professionell geschminkt, damit sie vor der Kamera gut aussehen.

7. _____

   (eine Demonstration) gibt es immer ein großes Polizeiaufgebot.

8. _____

   _____ (ein Fußballspiel im Stadion)

   werden von Sportreportern Kommentare in Fernsehen und Radio gegeben.

Vorsicht!

Die Präpositionen **bei** und **während** drücken beide **Gleichzeitigkeit** aus.

Während sagt aber, dass es sich um eine **längere Zeitspanne** handelt!

D.2.d *außer – ohne*

Wo ist der Fehler? Schreiben Sie den Satz richtig:

_____

_____

Regel

außer (+Dativ)	→ Der Satz konzentriert sich auf die **Mehrheit**, der aber eine Person oder Sache fehlt: **Alle Kollegen außer** einem haben den Test bestanden.
ohne (+Akkusativ)	→ Der Satz konzentriert sich auf **die Person oder die Sache**, die fehlt: Ich gehe nicht gern **ohne meinen Hund** spazieren.

Ü13 *außer* oder *ohne*?
Kreuzen Sie an: Was ist richtig?

1. Unser Restaurant hat täglich von 17.00 Uhr bis 24:00 Uhr geöffnet, *außer Montag*.

    ☐ ohne Montag   ☐ ohne am Montag   ☒ außer Montag   ☐ außer an Montag

2. Heute sind alle im Unterricht, _____. Er ist leider krank.

    ☐ ohne den Paulo   ☐ ohne Paulo   ☐ außer Paulo   ☐ außer dem Paulo

3. Wo warst du denn so lange? _____ können wir nicht anfangen zu spielen.

☐ ohne dich   ☐ ohne dir   ☐ außer dich   ☐ außer dir

4. In dem Preis von 798 € sind sämtliche Kosten der Reise inbegriffen, _____

    _____.

☐ ohne den Getränken   ☐ ohne die Getränke   ☐ außer den Getränken

☐ außer die Getränke

5. Niemand _____ kann besser nachempfinden, was ich gerade erlebe.

☐ ohne dich   ☐ ohne dir   ☐ außer dir   ☐ außer dich

6. Tausend Dank noch mal, _____ hätte ich die Prüfung niemals geschafft.

☐ ohne deine Hilfe   ☐ ohne deiner Hilfe   ☐ außer deine Hilfe   ☐ außer deiner Hilfe.

7. Entschuldige, ich kann dir leider gar nichts anbieten, _____

    _____.

☐ ohne einen Tee   ☐ ohne Tee   ☐ außer eine Tasse Tee   ☐ außer einer Tasse Tee

8. _____ dürfen Sie den abgesperrten Bereich nicht betreten.

☐ ohne einer Erlaubnis   ☐ ohne eine Erlaubnis   ☐ außer eine Erlaubnis

☐ außer einer Erlaubnis

9. Ich fahre auf alle Fälle – mit dir oder _____.

☐ ohne dich   ☐ ohne dir   ☐ außer dich   ☐ außer dir

10. Es herrschte absolute Stille im Zimmer, _____ der Fliege war nichts zu hören.

☐ ohne dem Summen   ☐ ohne das Summen   ☐ außer das Summen

☐ außer dem Summen

E. Attribute

E.1. Attributive Adjektive

Geben Sie mir bitte noch einen Kebab. Mit viel scharfen Soße.

Wo ist der Fehler? Schreiben Sie den Satz richtig:

_____

_____

Ü14 Verkaufsgespräche

**Markieren Sie alle Adjektiv-Endungen und das Indefinitpronomen davor. Vorsicht:
Es gibt nicht immer ein Indefinitpronomen.**

● Wer ist als nächstes dran?

■ Hallo. Ich hätte gern (1) rote Kirschen, (2) einige dunkle dürfen gern auch dabei sein.

● (3) Viele rote habe ich nicht mehr da. Aber wie wär's denn mit (4) gelben Kirschen?
   Die sind auch aus der Region.

■ Die schmecken mir nicht so sehr. Haben Sie denn sonst noch (5) andere saisonale
   Obstsorten? Erdbeeren oder Johannisbeeren vielleicht? (6) Mit frischem Rhabarber
   habe ich auch immer (7) gute Erfahrungen gemacht.

- (8) Schwarze Johannisbeeren hätte ich da. (9) Mehr regionales Obst gibt es zurzeit nicht. Und von denen ist auch nur noch eine Schale übrig.

- Mit so (10) wenigen kleinen Beeren kann ich aber keine zwei Kuchen backen. Hätten Sie denn eine Idee, was ich außerdem noch als (11) leckeren Nachtisch anbieten könnte?

- Was halten Sie von (12) frischer Ananas und (13) viel süßer Schlagsahne dazu? Ist zwar nicht regional, aber ein (14) idealer Abschluss für jede Art von Essen.

- Das wäre eine Idee. Mir bleibt sowieso nur noch (15) wenig restliche Zeit. Mein Besuch kommt schon in einer Stunde. Dann also bitte zwei Ananas.

Regel

Nicht vergessen:

Das Adjektiv steht **vor einem Nomen**: Das ist ein gut**es** Buch.

↓

Endung

		m	f	n	Plural
Adjektiv-Endungen nach **definitem Artikel**:	Nominativ	-e	-e	-e	-en
	Akkusativ	-en	-e	-e	-en
	Dativ	-en	-en	-en	-en
	Genitiv	-en	-en	-en	-en

		m	f	n	Plural
Adjektiv-Endungen nach	Nominativ	-er	-e	-es	-en
indefinitem Artikel (Singular!) /	Akkusativ	-en	-e	-es	-en
Possessiv-Artikel / Negation kein-:	Dativ	-en	-en	-en	-en
	Genitiv	-en	-en	-en	-en

Hier sind es dieselben Endungen wie nach dem definiten Artikel, **außer:**

Nominativ maskulin + r   Nominativ/Akkusativ neutral + s

→ Das Signal für maskulin (der) geht ans Adjektiv: De**(r)** Film: ein gute**r** Film.

→ Das Signal für neutral (das) geht ans Adjektiv: Da**(s)** Buch: ein gute**s** Buch.

Attributives Adjektiv nach definitem und indefinitem Artikel:

→ *Deutsch für Besserwisser A2*, S. 105 ff.

Ergänzen Sie den Regelkasten und die Tabelle mit den Adjektiv-Endungen.

Regel

Die Adjektiv-Endungen nach **Nullartikel (= auch indefiniter Plural!)**, nach **Zahlen** und nach **Indefinitpronomen** (zum Beispiel: _____, _____, _____, _____, _____, _____, _____, _____) gehören zu einer Extragruppe:

	m	f	n	Plural
Nominativ	____	____	-es	____
Akkusativ	____	____	____	____
Dativ	____	____	____	____
Genitiv	**-en**	____	**-en**	____

Diese Endungen sind dieselben wie die Endungen des definiten Artikels, **außer:**

_____: **+ n**

→ Wegen de**s** Wetters, **aber**: wegen schlechte**n** Wetters

Attributives Adjektiv nach Nullartikel:

→ *Deutsch für Besserwisser A2*, S. 108/109

Ü15 Tauschgeschäfte

Ergänzen Sie die fehlenden Adjektiv-Endungen.

1)

> Suche **Klavierlehrer**
> mit langjährig*er* Erfahrung
> im vorschulisch___
> Unterrichten
> für neugierig___,
> motiviert___ Mädchen.
> Biete qualifiziert___ Haushalts-
> hilfe für Arbeiten jede___ Art.

2)

> Suche freundlich___ Person mit echt____ Humor und viel strapazier-fähig____ Geduld, die bei jed___ Wetter mit verwöhnt____ Hund spazieren geht. Biete Zeit für lang___ Gespräche und zum gegenseitig___ Austausch.

3)

> Biete hell____ Büroraum mit viel verfügbar___ Platz gegen Werkstatt zur Benutzung während früh____ Abendstunden (17.-19.00 Uhr).

4)

> Biete wenig benutzt____, relativ neu____ Fahrrad-anhänger gegen gebraucht___ Kinderfahrrad.

Ü16 Ein perfekter Sommertag
Ergänzen Sie den Satz mit dem Ausdruck in Klammern.

Was macht eigentlich einen perfekten Sommertag aus? Wir haben einige Personen
dazu befragt, hier ihre Antworten:

1. Ulrike (32): „Ein perfekter Sommertag beginnt für mich immer an *einem lauen*

    Sommerabend (ein Sommerabend – lau), am besten irgendwo am Wasser.

    Ich schaue auf _____ (ein Meer – glitzernd)

    oder _____ (ein See – blau), ich bin in Gesellschaft

    von _____ (Menschen – lieb), wir essen _____

    _____ (ein Picknick – lecker) und wir erzählen uns _____

    _____ (Geschichten – lustig), die uns gerade durch den Kopf

    gehen. _____ eben

    (ein Abend – ganz normal / unbeschwert).“

2. Kerstin (33): „Perfekt? Ja, zum Beispiel im Schatten _____

    _____ (eine Palme – groß) liegen, mit _____

    _____ (ein Meer – rauschend) im Hintergrund. Das wäre perfekt. Und _____

    _____ dazu (ein Hugo – erfrischend).“

3. Kaya (4): „Ich ziehe _____ (ein Bikini – rosa) an und

    gehe ganz lang baden. Dann esse ich _____

    (ein Eis – riesig). Vanille oder was anderes. Im Garten hat mir Oma _____

    _____ (eine Schüssel – groß) mit Wasser hingestellt und ich

    setze mich rein. Unter dem Baum spiele ich mit Opa _____

    _____ (ein Spiel – lustig) und mache Quatsch mit ihm.“

4. Jan (16): „Na ja, chillen eben. Nichts tun, auf alle Fälle keine Schule. Mit _____

    _____ (ein Freund – gut) durch die Stadt ziehen und schauen,

    was so los ist. Oder am Abend auf _____ (ein Platz –

    frei) im Park Fußball oder Basketball spielen. Vielleicht auch mal shoppen gehen,

    an _____ (ein Tag – nicht so heiß).“

Wortschatz-Tipp

Hugo:

Das ist der Name eines leicht alkoholischen Sommergetränks. Er besteht aus Prosecco, Holunderblüten-Sirup, frischer Minze und Mineralwasser.

chillen (Jugendsprache) = **nichts tun, entspannen;** auch **chillig** (Adjektiv) oder **Chiller** (Person, die entspannt ist)

→ „Jetzt mach nicht immer so einen Stress und **chill mal!**"

Generation Y

Ergänzen Sie die richtigen Adjektiv-Endungen. Vorsicht: Manche Adjektive haben keine Endung!

Wenn wir Generation Y hören, denken wir automatisch an jung_e_ (1) Menschen, die

ständig am Smartphone hängen, so genannte „Digital Natives". Eine digitalisiert____ (2)

Generation also, die von der Technologie mehr beeinflusst ist, als jede Generation

vor ihr. Das ZEIT-Magazin beschreibt sie als hoffnungslos____ (3) Optimisten, andere

wiederum als selbstbewusst____ (4) und besonders gut ausgebildet____ (5). Doch wie

tickt die Generation Y wirklich?

Der Buchstabe „Y" in der Bezeichnung wird englisch *Why* (= Warum?) ausgesprochen.

Heißt das also, dass wir es mit Menschen zu tun haben, die die aktuell____ (6)

Gesellschaft besonders hinterfragen? Oder eher nach passend____ (7) Antworten im

Leben suchen? Tatsache ist, dass es eine Generation mit vielen verschieden____ (8)

Möglichkeiten ist, aber mit wenigen kreativ____ (9) Ideen, was sie damit tun wollen.

Besonders rebellisch____ (10) sind sie nicht, keine 68er und auch keine Kriegsgeneration.

Sie sind groß geworden in einer stabil____ (11) Demokratie, manche sagen, das hat sie

zu bequem____ (12), desorientiert____ (13) Menschen gemacht. Kein Wunder: Bei so

vielfältig____ (14) Möglichkeiten ist es nicht einfach (15), einen gerade____ (16) Weg zu

gehen. Aber vielleicht liegt darin ja auch eine groß____ (17) Chance: Vielfalt. Und wer

sagt denn, dass es immer nur ein Weg von viel____ (18) sein muss?

Wortschatz-Tipp

wissen, wie jemand tickt (Umgangssprache) = **wissen, wie jemand funktioniert /
verstehen, was er tut.**

Ich verstehe nicht, wieso er das gemacht hat.
Ich möchte wirklich gern mal **wissen, wie er tickt.**

aber auch:

Der tickt doch nicht richtig (Umgangssprache) = **Der ist doch verrückt.**

Ich habe zwei Stunden lang im Regen auf ihn gewartet. **Der tickt doch nicht richtig.**

Ü18 Ehrliche Komplimente

Hören Sie und ergänzen Sie wie im Beispiel.

1. wirklich schick aussehen

   Haben Sie eine neue Brille?
   *Mit der neuen Brille sehen Sie
   wirklich schick aus*

2. viel seriöser wirken

3. viel jünger aussehen

4. viel schlanker wirken

5. mir viel besser gefallen

6. frischer aussehen

7. ganz verändert wirken

8. super aussehen

9. mir wirklich gut gefallen

10. sehr elegant aussehen

11. gleich jugendlicher wirken

E.2. Komparativ und Superlativ vor Nomen

Du bist mein allerliebste Schatz!

Wo ist der Fehler? Schreiben Sie den Satz richtig:

_____

Ü19 Traumziele

Markieren Sie alle Komparative und Superlative vor den Nomen.

Fast zu weiß um wahr zu sein: Der berühmte Whitehaven Beach zählt zu einem der

weißesten Stränden weltweit. Damit ist der acht Kilometer lange Traumstrand die größte

Touristenattraktion der kleinen australischen Insel Whitsunday.

Die spektakulärsten Ausblicke hingegen bietet die griechische Insel Santorin. Man

braucht zwar einen größeren Geldbeutel, um dort Ferien machen zu können, aber dafür

bekommt man auch mehr als woanders zu sehen.

Zu den aufregendsten Zielen für alle, die Natur mögen, gehört Kanadas Nationalpark

Banff. Dort gibt es Berge, kalte Bergseen, Elche und Bären.

Reizvoller jedoch durch die Mischung aus Stadt und Natur ist Kapstadt, die beein-

druckendste Metropole am Ozean.

Und wer in Deutschland bleiben will: Rothenburg ob der Tauber ist mit seiner mittel-

alterlichen Innenstadt eine der romantischsten Städte Deutschlands – nicht nur zu

Weihnachten.

90 Nomen

Ergänzen Sie nun die Regel.

Regel

Komparativ vor Nomen:

   der/die/das (ein/eine) + Adjektiv + ____ + _____

   Das ist **die/eine schönere** Frau (**als** diese).

Superlativ vor Nomen:

   der/die/das + Adjektiv + ____ + _____

   Das ist **die schönste** Frau.

Attributives Adjektiv: → S. 84 ff.

Komparativ und Superlativ:

→ *Deutsch für Besserwisser A2*, S. 111 ff.

Ü20 Vergleiche

Bilden Sie mit den Adjektiven in Klammern den Komparativ.

1. Berlin hat *mehr* (viel) Einwohner als Stuttgart.

2. Stuttgart hat _____ (gut) Wetter als Hamburg.

3. Hamburg hat _____ (frisch) Fisch als Düsseldorf.

4. Düsseldorf hat _____ (exklusiv) Geschäfte als Bayreuth.

5. Bayreuth hat ein _____ (bekannt) Opernhaus als Freiburg.

6. Freiburg hat ein _____ (warm) Klima als Flensburg.

7. Flensburg hat _____ (hell) Bier als München.

8. München hat _____ (stark) Fußballer als Weimar.

9. Weimar hat _____ (berühmt) Persönlichkeiten als Ulm.

10. Ulm hat einen _____ (hoch) Kirchturm als Köln.

11. Köln ist eine _____ (cool) Stadt als Berlin.

Ü21 **Guinness-Buch der Rekorde**

Ergänzen Sie den Satz mit dem passenden Adjektiv aus dem Schüttelkasten im Superlativ. Achten Sie auf die richtige Adjektivendung.

~~groß~~ • schwer • alt • schwierig • hoch • klein • teuer • lang • reich • viel

1. Der 26-jährige Türke Sultan Kosen ist mit 2,47 m der *größte* Mann der Welt.

2. Antony Victor, ein Schulleiter aus dem indischen Bundesstatt Tamil Nadu, wachsen

   die _____ Haare aus den Ohren: 18,1 cm.

3. In Selangor quetschten sich mit 21 Studenten die _____ Personen in einen

   Mini. Die Türen und Fenster waren dabei geschlossen.

4. Aharon Shemoel ist Landwirt und besitzt eine Zitronenplantage. Die

   _____ Zitrone, die er jemals anbaute, wog 5,265 Kilogramm.

5. Der _____ Stuhl der Welt misst 26 Meter und wurde in der Möbelfabrik in

   Lucena, Spanien hergestellt.

6. Der _____, nicht freilebende Panda der Welt feierte seinen 37. Geburtstag

   in Hong Kong.

7. Der _____ Mann der Welt ist noch immer Bill Gates mit 87,6 Milliarden

   Dollar.

8. Der _____ Hot Dog der Welt besteht aus Trüffeln, Kaviar und Mayonnaise

   und kostet bei Eugene Woos in Seattle 123 €.

9. Die _____ Sprache der Welt ist Chinesisch (Mandarin).

   Ihr Alphabet besteht aus mehr als 10 000 Zeichen.

10. Chandra Dangi aus Nepal ist mit nur 54,6 Zentimeter der _____ Mensch

    der Welt.

Ü22 Kosenamen und Beschimpfungen

Hören Sie den Satz und bilden Sie den Superlativ wie im Beispiel.

1. Du bist wirklich eine große Naschkatze.

   Du bist die größte Naschkatze, die ich kenne!

Wortschatz-Tipp

eine Naschkatze sein (Umgangssprache) = **viel und gern Süßes essen**

F.   *n*-Deklination

Wo ist der Fehler? Schreiben Sie den Satz richtig:

_____

_____

Ü23   Geschichten von Nachbarn und Fotografen
Markieren Sie alle Nomen, die als Endung ein -*n* haben.

1.   Der Traumjob meines <u>Neffen</u> ist Politiker. Einmal die Macht eines Präsidenten besitzen und völlig allein bestimmen, was gemacht werden darf und was nicht. Wie ein Diktator. Mein Bruder meint dazu nur: „Ich glaube, du bist ein Fall für den Psychologen."

2.   Wir haben einen neuen Nachbarn. Er ist zusammen mit seinen Kindern – einem Jungen und einem Mädchen – und einem kleinen Hasen in das Haus nebenan gezogen. Wie oft üblich für einen Journalisten, ist er viel gereist und hat schon viel von der Welt gesehen. Es ist wirklich angenehm, sich mit einem so weltoffenen Menschen zu unterhalten.

3.   In der vergangenen Nacht haben Polizisten einen Demonstranten festgenommen, der aus Protest gegen die Politik in Ägypten einen Diplomaten attackiert hatte.

4.   Das Bild eines Fotografen über das aktuelle Flüchtlingsdrama löste vergangene Woche besonders viel Mitgefühl aus: Man sieht darauf einen Griechen, der Kindern aus einem Boot hilft und sie zur Begrüßung umarmt.

Ergänzen Sie nun die Tabelle zur *n*-Deklination mit Beispielen aus den Sätzen.
Vorsicht: Nicht alle Nomen mit der Endung –*n* gehören zur *n*-Deklination.

 Regel

Nomen der **n-Deklination**

Personen (maskulin mit Endung –**e**)

der Neffe   *meines Neffen*

_____   _____

Nationalitäten (maskulin mit Endung –**e**)

_____   _____

Tiere (maskulin mit Endung –**e**)

_____   _____

maskuline Nomen mit Endungen wie
-and/-ant/-ent/-ist/-oge/-at/-et/-af

_____   _____

_____   _____

_____   _____

andere maskuline Nomen
(ohne besondere Endung)

_____   _____

_____   _____

Regel

Einige **maskuline** Nomen, die auf **-e, -and/-ant, -ent, -ist, -oge, -at/-et, -af enden**, oder (einige) **maskuline** Nomen, die ein Lebewesen bezeichnen, werden nach der **n-Deklination** dekliniert.

Außer im Nominativ erhalten diese Nomen in allen Kasus am Ende ein **-n**.

Nominativ: Das ist mein Kollege.

Akkusativ: Ich kenne den Kollege**n**.

Dativ: Ich treffe mich mit dem Kollege**n**.

Genitiv: Das ist die Frau des Kollege**n**.

Im Plural folgen diese Nomen der „normalen" Deklination.

Vorsicht!

Ich gehe heute Nachmittag mit **den Männern** auf den Fußballplatz.

↓

Dativ Plural nicht ~~n-Deklination~~

Lerntipp

Welche Nomen zur **n-Deklination** gehören, kann man sich am besten **in Gruppen** merken (Personen, Nationalitäten, Tiere; mit den Endungen **-ent, -and/-ant** ...).

Vorsicht!

Die Nomen **Buchstabe, Gedanke, Name, Wille, Friede, Glaube** und **Herz** erhalten im Genitiv Singular noch ein **-s**:

Wie ist der erste Buchstabe Ihres ~~Namen~~?

Wie ist der erste Buchstabe Ihres **Namens**?

Das Nomen **Herz** ist nicht maskulin, wird aber nach der **n-Deklination** dekliniert.

Ü24   Nach dem Abitur

Unterstreichen Sie die richtige Lösung.

In Deutschland kann man nur ein Studium an einer Universität beginnen, wenn

man das Abiturzeugnis besitzt, das heißt, wenn man das Gymnasium besucht hat.

Und nach der Schule? Was sind eigentlich die Berufswünsche eines deutschen

(1) *Schülers / Schülern*? Beginnen wirklich alle ein Studium oder entscheiden sich

einige auch für eine andere (2) *Optionen / Option*?

Tatsache ist, dass in Deutschland noch nie so viele Menschen studiert haben, wie

aktuell. Zu den beliebtesten Studienzielen gehören dabei noch immer der Beruf des

(3) *Mediziners / Medizinern*, sowohl bei den Männern wie bei den Frauen, gefolgt vom

Beruf des (4) *Juristen / Jurists*. Bei den Frauen streben noch immer viele den Beruf des

(5) *Pädagogen / Pädagoges* an, die Männer interessieren sich eher für den Beruf des

(6) *Informatikers / Informatikern*. Philosophie gehört weiterhin eher zu den Studien-

fächern des wahren (7) *Idealisten / Idealists*, genauso wie Physik.

Auch eine (8) *Promotion / Promotion*en ist bei einem ehrgeizigen (9) *Studenten / Student*

noch immer das Ziel Nummer 1: 2013 kamen auf einen (10) *Professoren / Professor*

drei Mal so viele Doktoranden, wie noch im Jahr zuvor. Das heißt für einen

(11) *Doktoranden /Doktorand*, dass er im Grunde nicht wirklich mit einer großen Hilfe

von seinem (12) *Betreuer / Betreuern* rechnen kann.

Ü25 **Skurriles aus aller Welt**

Vervollständigen Sie den Satz und setzen Sie die Nomen in Klammern in die richtige Form.

Wer in Japan die Toilette benutzt, muss zuerst seine Straßenschuhe ausziehen

und gegen Hausschuhe tauschen, denn für den (1) _Japaner_ (Japaner) ist es ganz

üblich zwischen reinem und unreinem Ort zu unterscheiden. Dem westlichen

(2) _____ (Tourist) kommt das vielleicht etwas eigenartig vor, doch es

hat auch etwas Gutes: Wenn vor der Toilettentüre eines Restaurants etwa keine

Hausschuhe stehen, weiß man, dass die Toilette gerade von einem anderen

(3) _____ (Kunde) benutzt wird.

In Thailand steht jeder Wochentag für eine spezielle Farbe, nach der man sich kleidet

und jedem (4) _____(Mensch) dort sind die Farben der Wochentage

bekannt. Am Dienstag zum Beispiel trägt der (5) _____ (Thailänder) Rosa.

Diese Tradition ist noch aus der hinduistischen Mythologie, in der jedem

(6) _____ (Gott) und jedem (7) _____ (Planet) eine Farbe zugeordnet ist.

Für einen (8) _____ (Reisende) ist es natürlich keine Pflicht, sich in der

passenden Farbe zu kleiden, aber er zeigt dadurch Respekt für die Kultur.

Will man in Russland der Dame seines (9) _____ (Herz) einen Blumenstrauß

schenken, dann muss man vorher gut zählen, denn in Russland schenkt man nur eine

ungerade Anzahl an Blumen. Für den (10) _____ (Russe) haben gerade Zahlen

etwas Trauriges, deshalb schenkt man eine gerade Anzahl an Blumen auch nur einem

(11) _____ (Trauernde).

In Polen spricht man sich normalerweise mit dem (12) _____ (Vorname) an,

was besonders für den (13) _____ (Deutsche) sehr ungewohnt ist, wenn

man sich noch nicht kennt. Vor dem (14) _____ (Vorname) steht ein „pani"

für Frau und ein „pan" für (15) _____ (Herr). Den (16) _____ (Präsident)

von Frankreich nennt man in Polen also „Herr François". Hört sich doch gleich viel

netter an.

G. Genus-Regeln

Schau mal, da ist auch eine Mädchen. Wollt ihr zusammen spielen?

Wo ist der Fehler? Schreiben Sie den Satz richtig:

_____

_____

 Regel

Das Genus richtet sich nach dem **biologischen** Geschlecht:

der Mann, der Lehrer, der Politiker, der Kater

die Frau, die Schülerin, die Sängerin, die Tante

 Vorsicht!

 ~~die Mädchen~~   das Mädchen

~~die Fräulein~~ das Fräulein

~~der/die Kind~~ das Kind

Ü26 Das Gummibärchen

Unterstreichen Sie den Artikel und die Endung der Nomen im Singular.

Wer kennt es nicht: <u>das</u> Gummibär<u>chen</u>. Oder besser: die Gummibärchen, denn meistens isst man ja mehr als eins. In Deutschland ist das süße Tierlein bei allen beliebt, so sagt es zumindest die Werbung: „Haribo macht Kinder froh und Erwachsene ebenso." Ob die Fröhlichkeit wohl von dem vielen Zucker kommt, der darin steckt?

Die leckeren Fruchtgummis, die der Unternehmer Hans Riegel 1922 erfand, gibt es in verschiedenen Farben und so kann sich jeder die Farbe aussuchen, die er am liebsten mag. Seit einigen Jahren gibt es auch die gesunde Variante auf Basis von Fruchtsaft. Der Neuling überhaupt unter den Gummibärchen ist aber eine Variante für Muslime: ohne Gelatine und daher „halal". So muss heutzutage niemand mehr auf die Leidenschaft für Gummibärchen verzichten.

Was ist richtig? Kreuzen Sie an.

Regel

Maskulin sind Nomen mit der Endung	☐ -er
	☐ -en
	☒ -ling
	☐ -es
Neutral sind Nomen mit der Endung	☐ -chen
	☐ -lein
	☐ -ion
Feminin sind Nomen mit der Endung	☐ -ung
	☐ -schaft
	☐ -heit/-keit
	☐ -e

Ü27 Am Ende entscheidet die Endung

Kreuzen Sie das richtige Genus an.

1. Vielen Dank für ☐ der ☒ die ☐ das Benachrichtigung, ich werde mich sobald wie möglich bei Ihnen melden.

2. Tausend Dank für das Geschenk, ☐ der ☐ die ☐ das Überraschung ist dir wirklich gelungen.

3. ☐ Der ☐ Die ☐ Das Computer ist mal wieder abgestürzt. Kannst du mir bitte helfen?

4. „Wenn ich doch ein bisschen mehr Geld verdienen würde!" –
„Wenn ☐ der ☐ die ☐ das Wörtchen wenn nicht wär', wär' mein Vater Millionär."

5. Wem gehört denn ☐ der ☐ die ☐ das Tasche hier?

6. ☐ Der ☐ Die ☐ Das jährliche Mitgliedschaft in unserem Fitnessstudio kostet 567 €.

7. Du hast schon wieder alles durcheinander gebracht! ☐ Der ☐ Die ☐ Das Staubsauger gehört nicht in die Ecke.

8. ☐ Der ☐ Die ☐ Das Freundlichkeit, mit der ich in meiner Gastfamilie begrüßt wurde, überraschte mich.

9. Ich bin so froh, dass endlich ☐ der ☐ die ☐ das Winter vorbei ist und ☐ der ☐ die ☐ das Frühling kommt.

10. ☐ Der ☐ Die ☐ Das Erbschaft meines Großvaters benutze ich dazu, um mir ein Auto zu kaufen.

Regel

Bei manchen Nomen kann man sich das Genus auch nach der Bedeutung merken:

Wochentage, Monate, Tageszeiten: → **maskulin**
der Montag, der Dienstag ...
der Januar, der Februar ...
der Abend, der Morgen ... **aber: die Nacht**

alkoholische Getränke: → **maskulin**
der Wein, der Sekt ... **aber: das Bier**

Wetter: → **maskulin**
der Sturm, der Hagel, der Schnee ... **aber: die Sonne**

Himmelsrichtungen: → **maskulin**
der Süden, der Westen ...

Automarken: → **maskulin**
der BMW, der Audi, der Peugeot ...

Farbennamen: → **neutral**
das Rot, das Gelb, das Grün ...

Motorradmarken: → **feminin**
die Yamaha, die Kawasaki ...

Ü28   *der, die, das*?

Ordnen Sie die Nomen aus dem Schüttelkasten dem richtigen Genus zu.

~~Mädchen~~ • Frau • Teller • Schönheit • Dunkelgrün • Bier • Onkel •
Vormittag • Mannschaft • Waschmaschine • Versicherung • Südosten •
Tischlein • Freiheit • Porsche • Frage • Wind • Oktober

der	die	das
		Mädchen

H. **Satzverbindungen** 104

H.1. **Haupt- und Nebensatzverbindungen**........... 104

H.1.a *als – seit(dem), bis – während – nachdem, bevor* 104

H.1.b *wenn, falls* 110

H.1.c *da, weil – obwohl* 112

H.2. **Zweiteilige Satzverbindungen**
entweder ... oder, nicht (nur) ... sondern (auch);
sowohl ... als auch, weder ... noch 114

H.3. **Indirekter Fragesatz** 119

H.4. **Infinitiv mit** *zu* 123

H.4.a Infinitiv mit *zu* – Infinitiv ohne *zu*............................ 123

H.4.b *dass* – Infinitiv mit *zu / damit – um ... zu* 127

H.4.c *nicht/nur brauchen zu* 131

H.5. **Relativsatz** 134

H.5.a Relativsatz im Nominativ, Akkusativ und Dativ..... 134

H.5.b Relativsatz mit Präpositionen 137

H.5.c Relativsatz mit Genitiv 141

H.5.d Relativsatz mit *was* und *wo* 144

I. **Satzstellung** 147

I.1. **Position von** *nicht* 147

I.2. **Position der Pronomen** 152

H. Satzverbindungen

H.1. Haupt- und Nebensatzverbindungen

H.1.a *als – seit(dem), bis – während – nachdem, bevor*

Wo ist der Fehler? Schreiben Sie den Satz richtig:

_____

_____

Ü1 **Auswanderung aus Deutschland**
Markieren Sie alle temporalen Satzverbindungen im Text.

Im vergangenen Jahr sind so viele Deutsche wie noch nie freiwillig ausgewandert. Doch

woran liegt das?

Noch nie war auswandern so leicht wie im 21. Jahrhundert. Natürlich gilt das nur für

die reichen Menschen aus den Industrieländern; für alle anderen ist es sogar schwerer

geworden, <u>seit</u> es neue Einwanderungsgesetze gibt. Aber wer das Glück hat, etwa

in Deutschland, Österreich oder der Schweiz geboren zu sein, für den gibt es

Flugverbindungen in alle Welt. Außerdem kann man sich alle Informationen im Internet

besorgen, bevor man sein Land verlässt. Ja man kann sogar einen Kredit für die Reise

aufnehmen. Und was besonders wichtig ist: Auswandern ist keine Einbahnstraße mehr:
Nachdem man im Ausland gearbeitet hat, sind die Berufsaussichten im Heimatland oft
sogar besser als zuvor.

Aber nicht immer ist die berufliche Karriere entscheidend für eine Auswanderung.
Zumindest bei den Jüngeren. Bis man 30 Jahre alt ist, geht es mehr um neue Erfahrungen
und um Selbstverwirklichung. Manche Studien sagen, dass Auswanderung für diese
Menschen eine Suche ist, um sich selbst zu finden. So sind viele junge Menschen, als
sie noch studierten, für einige Jahre im Ausland gewesen und haben so, während sie
sich auf ihr Berufsleben vorbereiteten, gleichzeitig auch ihre Persönlichkeit gebildet.
Bei den 30- bis 60-Jährigen sind die Motive schon ganz anders. Ältere Menschen, die
auswandern, wollen auch oft einfach dem Alltag in ihrem Heimatland entfliehen und
sich eine neue Lebensaufgabe suchen.

**Wann benutzt man welche temporale Satzverbindung? Markieren Sie und kreuzen
Sie an. Was ist richtig, was ist falsch?**

Regel

	richtig	falsch
als benutzt man, ...		
... wenn Situationen gleichzeitig passieren.	☒	☐
... wenn etwas nur einmal in der Vergangenheit passiert ist.	☐	☐
... immer im Nebensatz.	☐	☐

(*wenn – als → Deutsch für Besserwisser A2, S. 128*)

	richtig	falsch
seit(dem) benutzt man, ...		
... wenn man den Beginn einer Zeitdauer nennt.	☐	☐
... wenn der Beginn in der Gegenwart liegt.	☐	☐
... wenn der Beginn in der Vergangenheit liegt.	☐	☐
... wenn das Ergebnis bis in die Gegenwart dauert.	☐	☐

	richtig	falsch
bis benutzt man, ...		
... wenn man den Endpunkt einer Zeitdauer nennt.	☐	☐
... immer im Nebensatz.	☐	☐
... immer in einem Satz in der Vergangenheit.	☐	☐

(*bis – seit → Deutsch für Besserwisser A2, S. 134*)

während benutzt man, ...

... wenn mehrere Situationen gleichzeitig passieren. ☐ ☐

... wenn die Situationen nacheinander passieren. ☐ ☐

... immer im Nebensatz. ☐ ☐

bevor benutzt man, ...

... wenn mehrere Situationen nacheinander passieren. ☐ ☐

... wenn die Situationen gleichzeitig passieren. ☐ ☐

... immer im Hauptsatz. ☐ ☐

nachdem benutzt man, ...

... wenn mehrere Situationen nacheinander passieren. ☐ ☐

... immer im Hauptsatz. ☐ ☐

... immer im Nebensatz in der Vergangenheit. ☐ ☐

Plusquamperfekt siehe auch → Kapitel A.2., S. 14

Ü2 Lebenslauf eines Genies

Bilden Sie Sätze mit *als*. Benutzen Sie dazu die Vorgaben im Schüttelkasten

~~1972 lesen lernen~~ • 1989: eigene Firmengründung •
1996: erste Patentanmeldung •
2000: Verkauf des Besitzes und Beginn von vorne •
1997: Heirat und Zwillinge (bekommen) • 1995: Millionär •
1999: Bankrott (gehen) der Firma • 1985: Abitur • 1974: Schule •
1988: Studienabschluss

1. Er war zwei Jahre alt, *als er lesen lernte.*

2. Er war _____

3. Er war _____

4. Er war _____

   _____

5. Er war _____

   _____

6. Er war _____

   _____

7. Er war _____

   _____

8. Er war _____

   _____

9. Er war _____

   _____

10. Er war _____

   _____

Ü3 Regeln und Vorschriften

seit, *bis* oder *während*? Was ist richtig?

1. _Während_ die Nachbarn Mittagspause machen, müssen wir leise sein.

2. _____ das Rauchverbot eingeführt wurde, darf man nicht mehr in
   Restaurants rauchen.

3. Bitte nicht aus dem Fenster lehnen, _____ der Zug fährt.

4. Du gehst nicht eher zum Fußball, _____ du die Hausaufgaben fertig
   gemacht hast.

5. _____ der Film läuft, darf nicht mit dem Handy telefoniert werden.

6. _____ Sie das Studium beendet haben, gelten Sie als Student und können
   eine Studentenermäßigung erhalten.

7. Man muss bei der Einreise in ein anderes Land keinen Ausweis mehr vorzeigen,
   _____ es innerhalb der EU keine Grenzen mehr gibt.

8. _____ das Flugzeug landet, dürfen keine elektronischen Geräte benutzt
   werden.

9. _____ Kinder die Volljährigkeit erreicht haben, dürfen sie keinen Alkohol
   zu sich nehmen.

10. _____ der Bus fährt, darf nicht mit dem Fahrer gesprochen werden.

H

Ü4

Gesundheitstipps

Bilden Sie Sätze im Imperativ mit _bevor_ oder _nachdem_.

1. vor dem Aufstehen • Gymnastik im Bett machen

   Machen Sie Gymnastik im Bett, bevor Sie aufstehen.

2. vor dem Essen • ein Glas Wasser trinken

   _____

3. nach dem langen Sitzen am Schreibtisch • etwas spazieren gehen

   _____

   _____

4. vor dem Schlafengehen • langes Fernsehen vermeiden

   _____

   _____

5. nach dem Mittagessen • eine halbe Stunde ausruhen

   _____

   _____

6. nach dem Essen • Zähneputzen nicht vergessen

   _____

   _____

7. vor dem Sonnenbad • gut eincremen

   _____

   _____

8. nach langem Sitzen in geschlossenen Räumen • etwas frische Luft schnappen

   _____

   _____

108   Satz

Ü5 Computerkauf

Schreiben Sie den Text neu. Verbinden Sie immer zwei Sätze miteinander und benutzen Sie *als, seit, bis, während, nachdem* **oder** *bevor.*

Ich brauche einen neuen Computer.

1. Ich habe eine Tasse Tee über der Tastatur verschüttet. Jetzt funktioniert er nicht mehr.

   Seit ich eine Tasse Tee über der Tastatur verschüttet habe, funktioniert er nicht mehr.

2. Ich kaufe einen neuen. Vorher muss ich mich erst mal beraten lassen.

   _____

3. Im Computergeschäft schaue ich mir die neuesten Modelle an. Der Verkäufer ist noch mit anderen Kunden beschäftigt.

   _____

4. Er ist fertig. Er kommt zu mir.

   _____

5. Erst fragt er mich nach meinen Wünschen. Danach geht er ins Lager und holt mir einen Computer.

   _____

6. Ich probiere schon mal ein Modell aus. Dann kommt er zurück.

   _____

7. Er kommt zurück und teilt mir mit, dass der Computer leider bestellt werden muss.

   _____

8. Es kann eine Woche dauern, meint er. Nach einer Woche ist der Computer endlich da.

   _____

9. Ich überlege noch. Gleichzeitig klingelt das Handy: Es ist Martin.

   _____

10. Er will mir seinen Computer leihen. Der neue ist schließlich da.

    _____

H.1.b *wenn, falls*

Wo ist der Fehler? Schreiben Sie den Satz richtig:

_____

_____

Regel

Bedingung: wenn/falls

Ich besuche dich gern, **wenn/falls** ich wieder mal nach Deutschland komme.

        Hauptsatz   **Nebensatz**

Mit **falls** drückt man aus, dass es **nicht** so **wahrscheinlich** ist, dass die Situation passiert.

wenn in temporaler Bedeutung → *Deutsch für Besserwisser A2*, S. 128 ff.
wenn in irrealen Bedingungssätzen → S. 26 ff.

Landeskunde-Tipp

Die **Mitfahrzentrale** vermittelt Mitfahrgelegenheiten im Auto. Sie können dort einfach anrufen und fragen, ob es jemanden gibt, der in die Stadt fährt, in die Sie wollen. Der Fahrer nimmt Sie mit und Sie beteiligen sich dafür an den Benzinkosten. Das ist oft günstiger als mit dem Zug zu fahren, und manchmal lernt man auch noch nette Leute kennen.

Ü6 Was machen Sie, wenn ...?

Verbinden Sie die Sätze, die zusammenpassen.

1. Sie haben einen Autounfall.
2. Sie haben sich aus Ihrer Wohnung ausgeschlossen.
3. Sie bekommen Besuch, haben aber nichts zu essen zu Hause.
4. Es ist Sonntag und Sie brauchen dringend Milch.
5. Der Strom fällt aus.
6. Sie möchten nach Berlin fahren, haben aber nur wenig Geld.
7. Sie suchen ein WG-Zimmer.
8. Sie möchten neue Leute kennenlernen.
9. Sie möchten einen Kochkurs machen
10. Sie möchten mit anderen in den Bergen wandern gehen.

a) Ich benutze Kerzen.
b) Ich fahre zur Tankstelle und kaufe dort Milch.
c) Ich melde mich beim Alpenverein an.
d) Ich buche einen Kurs an der Volkshochschule.
e) Ich hole einen Schlüsseldienst.
f) Ich rufe Hilfe.
g) Ich hänge einen Zettel ans Schwarze Brett in der Uni.
h) Ich rufe den Pizzaservice an.
i) Ich gehe jeden Abend in eine andere Kneipe.
j) Ich fahre mit der Mitfahrzentrale.

1.	2.	3.	4.	5.	6.	7.	8.	9.	10.
f									

Formulieren Sie nun Sätze mit *wenn/falls*.

1. *Wenn ich einen Autounfall habe, rufe ich Hilfe.*

2. _____

3. _____

4. _____

5. _____

6. _____

7. _____

8. _____

9. _____

10. _____

Ü7 **Wenn das Wörtchen *wenn* nicht wär ...**

Hören Sie und antworten Sie wie im Beispiel mithilfe der Vorgaben.

1. ■ Kommst du heute Abend mit ins Kino?

   Zeit haben

   ● *Wenn ich Zeit habe, komme ich heute Abend mit ins Kino.*

2.   Geld brauchen

3.   Lust haben

4.   keinen anderen Termin haben

5.   nicht weg sein

6.   früher nach Hause kommen

7.   nicht müde sein

8.   noch Energie haben

9.   das Wetter gut sein

10.   nichts anderes tun müssen

H.1.c *da, weil – obwohl*

Jetzt hilf mir doch schnell. Dann können wir zusammen essen.

Ja, ja, ich helfe dir gleich, obwohl im Fernsehen läuft eigentlich gerade die Sportschau.

Wo ist der Fehler? Schreiben Sie den Satz richtig:

_____

Regel

Grund: Erklärung auf die Frage **Warum?**

Ich gehe heute Mittag ins Restaurant, **weil/da** ich keine Lust zu kochen habe.

Hauptsatz   **Nebensatz**

→ **Verb** geht ans **Ende**!

Gegengrund / Widerspruch: Etwas passiert, **auch wenn** jemand es anders erwartet.

Ich gehe heute Mittag ins Restaurant, **obwohl** ich kein Geld habe

Hauptsatz   **Nebensatz**

→ **Verb** geht ans **Ende**!

Ü8 **Das würde ich nicht tun …**
obwohl oder *weil*? **Verbinden Sie die Sätze.**

1. Er ist krank. Er geht zur Arbeit.

    Obwohl er krank ist, geht er zur Arbeit.

2. Er ist verheiratet. Er tanzt mit einer anderen Frau.

    _____

3. Sie kommen immer zu spät. Ich habe schon mehrmals gesagt, dass das unhöflich ist.

    _____

4. Wir bekommen nie einen guten Platz im Kino. Wir sind immer spät dran.

    _____

5. Ich fahre nie in Urlaub. Ich finde es zu Hause einfach am schönsten.

    _____

6. Sie kommt nie zu Besuch. Sie wohnt weit weg.

    _____

7. Sie raucht. Der Arzt hat es verboten.

    _____

8. Er geht mit seiner Frau in den Tanzkurs. Er hasst tanzen.

    _____

Ü9 Überredungskünste

Hören Sie und antworten Sie wie im Beispiel. *weil* oder *obwohl*?

1. ◼ Kommst du mit mir ins Konzert? Ich weiß, du magst keine klassische Musik.

   ● Nein, *ich komme nicht mit, weil ich klassische Musik wirklich nicht mag.*

2. ◼ Kommst du mit zum Wandern? Ich weiß, du magst die Berge nicht.

   ● Na gut, *ich komme mit, obwohl ich die Berge wirklich nicht mag.*

3. ● Na gut, ...

4. ● Nein, ...

5. ● Na gut, ...

6. ● Na gut, ...

7. ● Nein, ...

8. ● Nein, ...

9. ● Na gut, ...

10. ● Nein, ...

H.2. Zweiteilige Satzverbindungen

entweder ... oder, nicht (nur) ... sondern (auch);
sowohl ... als auch, weder ... noch

Ich wollte nicht dieses Brot, aber das andere dort.

Wo ist der Fehler? Schreiben Sie den Satz richtig:

_____

Ü10 Kluge Vierziger

Markieren Sie die zweiteiligen Satzverbindungen.

Mit den Jahren wird man <u>sowohl</u> gelassener, <u>als auch</u> klüger – die Älteren haben das immer schon gewusst, aber die Jungen wollten es weder glauben noch akzeptieren und erfanden so nette Sprüche wie „Trau keinem über 30". (1)

Wissenschaftler in Kalifornien können dies nicht bestätigen, sondern liefern im Gegenteil einen eindeutigen Beweis für die Richtigkeit der These „Mit den Jahren wird man klüger". (2)

Bei den Tests wurde deutlich bewiesen, dass der Intelligenzquotient mit den Jahren nicht sinkt sondern steigt: zwischen Grundschulalter und mittlerem Lebensalter um gut 20 Punkte. (3)

Eine Gruppe von 10- bis 13-Jährigen, die den gleichen Intelligenztest schon vor 20 Jahren einmal gemacht haben, erreichte jetzt einen mittleren IQ von 130 gegenüber einem durchschnittlichen IQ von 100 damals.

Ein ähnliches Ergebnis schaffte weder die Gruppe der 20- bis 25-Jährigen, noch die Gruppe der 25- bis 30-Jährigen. (4)

Daraus folgt: Glaub keinem unter 40! ☺

Ergänzen Sie die Tabelle mit den zweiteiligen Satzverbindungen aus dem Text.

Aufzählung (positiv)	sowohl ... _____
Aufzählung (negativ)	_____ ... noch
Alternative / Wahl	_____ ... oder
Ersatz	nicht ... _____

 Regel

Alternative / Wahl: entweder ... oder (+ / +)

Wir können am Wochenende **entweder** wandern **oder** schwimmen.

Die Wahl ist noch nicht getroffen, man kann zwischen **zwei Möglichkeiten** wählen.

Ersatz: nicht, ... sondern (– / +)

Wir gehen am Wochenende **nicht** wandern, **sondern** schwimmen.

Die Wahl ist getroffen, man hat sich für **eine Sache** entschieden.

Aufzählung (positiv): sowohl ... als auch (+ / +)

Wir gehen am Wochenende **sowohl** wandern, **als auch** schwimmen.

Zwei Möglichkeiten werden gleichzeitig gewählt.

Aufzählung (negativ): weder ... noch (– / –)

Wir gehen am Wochenende **weder** wandern, **noch** schwimmen.

Keine Möglichkeit wird gewählt.

 (Ü11) **Die Qual der Wahl**

Ergänzen Sie den Dialog mit den passenden zweiteiligen Satzverbindungen.

■ Hallo Katrin, was gibt's Neues?

● Schlechte Nachrichten. Mein Freund hat ein Jobangebot in Frankreich bekommen und jetzt muss ich entscheiden, was ich mache: _Entweder_ (1) ich bleibe alleine hier und mache mein Studium fertig _oder_ (1) ich breche es ab und gehe mit nach Frankreich.

- Das ist wirklich eine harte Entscheidung. Ich glaube nicht, dass du von ihm verlangen kannst, den Job nicht anzunehmen. Und wenn du dein Studium _____ (2) in Deutschland, _____ (2) in Frankreich fertig machst?

- Das habe ich mir auch schon überlegt. Aber ich kann _____ (3) die Sprache richtig, _____ (3) kenne ich mich im französischen Universitätssystem besonders gut aus.

- Ja, klar. Du müsstest natürlich erstmal Französisch perfekt lernen, _____ (4) schriftlich, _____ (4) mündlich.

- Das ist doch illusorisch, dazu brauche ich Jahre! Da führe ich lieber eine Fernbeziehung. Und wir können beide unsere Berufsziele weiterverfolgen, _____ (5) er, _____ (5) ich.

- Und was ist mit eurer Beziehung? Hast du keine Angst davor, dass er eine andere Frau kennenlernt?

- Ach was, _____ (6) er liebt mich, dann unterstützt er mich auch in meinen Plänen, _____ (6) er ist nicht der richtige Mann für mich. Außerdem können wir uns ja _____ (7) besuchen, _____ (7) miteinander telefonieren. Frankreich ist doch nicht aus der Welt!

- Na ja, ich an deiner Stelle würde ihn _____ (8) alleine lassen, _____ (8) mitgehen. Das wäre nichts für mich, so eine Fernbeziehung. Das würde ich nicht lange aushalten.

- Ach, das schaffen wir schon. Und wenn nicht – schöne Männer gibt es überall. Schau mal, der zum Beispiel ...

Ü12 **Und noch etwas üben**

Verbinden Sie die beiden Sätze mit den passenden Satzverbindungen.

1. Wir können mit dem Taxi zum Flughafen fahren. Wir können auch die S-Bahn nehmen.

   Wir können sowohl mit dem Taxi, als auch mit der S-Bahn zum Flughafen fahren.

2. Ich habe keine Zeit in Urlaub zu fahren. Ich habe auch kein Geld.

   _____

3. Du kannst es dir aussuchen: Wir können draußen oder drinnen sitzen.

   _____

4. Sie kann nicht gut auf Englisch schreiben. Sie kann auch nicht gut auf Englisch frei sprechen.

   _____

5. Ich habe mich nun endlich entschieden. Ich hätte gern dieses rote Kleid. Das blaue möchte ich nicht.

   _____

6. Ich sage es dir jetzt zum letzten Mal: Räum deine Sachen vom Esstisch. Oder ich werfe sie in den Mülleimer.

   _____

Ü13 **Entscheidungsfragen**

Hören Sie und antworten Sie wie im Beispiel mithilfe der Vorgaben.
19

1. ■ Kennst du schon meinen Bruder und seine Lebensgefährtin?

   weder ... noch

   ● _Ich kenne weder deinen Bruder noch seine Lebensgefährtin._

2. entweder ... oder   7. entweder ... oder

3. nicht ... sondern   8. weder ... noch

4. sowohl ... als auch   9. sowohl ... als auch

5. nicht ... sondern   10. weder ... noch

6. sowohl ... als auch

H.3. Indirekter Fragesatz

Wo ist der Fehler? Schreiben Sie den Satz richtig:

_____

_____

Was ist eine indirekte Frage? Kreuzen Sie an.

Regel

Die **indirekte Frage** ...	richtig	falsch
... ist ein normaler Fragesatz.	☐	☒
... beginnt mit einem Einleitungssatz.	☐	☐
... ist ein Nebensatz.	☐	☐
... beginnt mit einem Konnektor wie *als, wenn, weil, dass, ...*	☐	☐
... beginnt mit einem Fragewort als Konnektor oder *ob*.	☐	☐
... endet immer mit einem Fragezeichen.	☐	☐
... endet immer mit einem Punkt.	☐	☐
... endet mit dem Satzzeichen, das der Hauptsatz braucht.	☐	☐

→ *Deutsch für Besserwisser A2*, S.141 ff.

Ü14 Ein schwieriger Gast

Bei welchen Sätzen handelt es sich um eine indirekte Frage? Unterstreichen Sie.

1. ■ Einen schönen guten Morgen, Frau Grimme!
   ● Das ist kein schöner Morgen! Ich reise ab!

2. ■ Oh! Dann teilen Sie mir doch bitte mit, <u>weshalb Sie so plötzlich abreisen wollen</u>!
   ● Sie fragen mich tatsächlich, warum ich nicht bleibe? Mein Bett ist so schmal, dass ich die ganze Nacht kein Auge zugetan habe!

3. ■ Das bedauere ich sehr, Frau Grimme. Aber ich hatte mich per E-Mail bei Ihnen erkundigt, ob Sie ein normales Einzelzimmer oder ein Zimmer mit einem französischen Bett möchten, und Sie hatten das normale Einzelzimmer gebucht.
   ● Ich frage mich auch, warum Sie mir ein Zimmer zur Straße gegeben haben – so ein Lärm!

4. ■ Sie hatten im Anmeldeformular die Möglichkeit anzukreuzen, ob Sie ein Zimmer mit Bergblick wünschen!
   ● Ach ja? Nun seien Sie bitte so freundlich und teilen Sie mir mit, ob Ihr Direktor zu sprechen ist.

5. ■ Selbstverständlich. Allerdings wird unser Direktor Sie auch nur fragen, ob Sie Ihr Zimmer tauschen oder abreisen möchten.
   ● Wir werden sehen, was für ein Angebot er mir macht.

6. ■ Wie Sie wünschen. Ich darf Sie bitten, hier einen Moment zu warten.

Landeskunde-Tipp

Wenn Sie **höflich** etwas fragen wollen, dann benützen Sie lieber die **indirekte Frage**, das klingt vorsichtiger als die direkte Frage!

Entschuldigung, wie spät ist es?

Entschuldigung, **können Sie mir bitte sagen, wie spät es ist?**

Wortschatz-Tipp

Typische Einleitungssätze für indirekte Fragen sind zum Beispiel folgende:

Ich weiß nicht, ...	Man wird sehen, ...
Wissen Sie, ...	(Ich habe) keine Ahnung, ...
Er hat mir nicht gesagt, ...	Es interessiert mich (nicht), ...
Ich verstehe nicht, ...	Haben Sie Informationen darüber, ...
Darf ich fragen, ...	(usw.)

Ü15 Ein Studium in Deutschland

Sie möchten höflich fragen: Wandeln Sie die direkten Fragen in indirekte Fragen um. Benützen Sie dafür die Satzanfänge aus dem Schüttelkasten.

Wissen Sie / Weißt du vielleicht • Können Sie / Kannst du mir bitte sagen •
Darf ich Sie / Darf ich dich kurz fragen

1. Wo bekomme ich Informationen über ein Studium in Deutschland?

    Wissen Sie vielleicht, wo ich Informationen

    über ein Studium in Deutschland bekomme?

2. Wann beginnen die meisten Studiengänge?

    _____

3. Wie lange dauert das Wintersemester an den Hochschulen in Deutschland?

    _____

4. Muss man in Deutschland Studiengebühren bezahlen?

    _____

5. Darf man in einer Vorlesung oder einem Seminar mit den Professoren diskutieren?

    _____

    _____

6. Gibt es in Deutschland auch Studiengänge auf Englisch?

    _____

7. Wie gut muss man Deutsch sprechen, um in Deutschland studieren zu können?

    _____

8. Wo kann ein Ausländer an einer deutschen Universität Beratung oder Unterstützung bekommen?

    _____

    _____

9. Kann man ein Zimmer in einem Studentenwohnheim mieten?

    _____

Landeskunde-Tipp

Wenn man sich beim **DAAD** (Deutschen Akademischen Austauschdienst) erkundigt, weiß man, ...

..., dass man auf der Website des DAAD, an den Universitäten, in den Goethe-Instituten und in den Botschaften und Konsulaten Informationen zu einem Studium in Deutschland bekommt.

..., dass die meisten Studiengänge im Wintersemester, aber manche auch im Sommersemester beginnen.

..., dass das Wintersemester an den deutschen Hochschulen von Oktober bis März und das Sommersemester von April bis Juli dauert.

..., dass man an den staatlichen Hochschulen keine oder nur sehr geringe Studiengebühren bezahlen muss.

..., dass man in einer Vorlesung dem Lehrenden zuhört, aber in einem Seminar auch kritische Diskussionen erwünscht sind.

..., dass die internationalen Studiengänge auf Englisch angeboten werden.

..., dass man für die meisten Studiengänge die DSH-Prüfung oder TestDaF braucht.

..., dass es an jeder Hochschule ein Akademisches Auslandsamt oder ein Internationales Büro gibt.

..., dass es überall Studentenwohnheime gibt, es aber oft nicht leicht ist, ein Zimmer zu bekommen.

Ü16 Schlecht informiert!

Hören Sie und antworten Sie immer wie im Beispiel.

1. ■ Wann müssen wir morgen zum Flughafen fahren?

   ● *Ich habe leider auch keine Ahnung, wann wir morgen*

   zum Flughafen fahren müssen.

H.4. Infinitiv mit *zu*

H.4.a Infinitiv mit *zu* – Infinitiv ohne *zu*

Wo ist der Fehler? Schreiben Sie den Satz richtig:

_____

_____

Vorsicht!

Man kann vor der Infinitivergänzung ein Komma machen, damit der Satz klarer wird.
Man muss aber nicht!

Es ist wichtig **viele Kontakte zu haben**.

Es ist wichtig**, viele Kontakte zu haben**.

Wenn ein Wort auf die Infinitivergänzung hinweist, **muss** ein Komma stehen.

Ich freue mich **darauf, dich morgen Abend zu sehen**.

Ü17 In einer neuen Stadt

Karl ist in eine neue Stadt gezogen. Was macht er alles? Verbinden Sie die Sätze, die zusammenpassen.

1. Karl muss unbedingt
2. Die Wände in der neuen Wohnung lässt er
3. Sobald der Maler fertig ist, beginnt Karl damit,
4. Aber ab 20 Uhr muss er aufhören
5. Die Hausverwaltung hat verboten
6. Er möchte auch möglichst schnell
7. Deshalb plant er
8. Sicherlich wird er auch bald im Haus
9. Er denkt, es ist eine gute Idee,
10. Er freut sich auch darauf,
11. Es ist wichtig,
12. Dann hat er nicht das Gefühl

a) seine neue Wohnung gemütlich einzurichten.
b) die Stadt entdecken.
c) seine neuen Nachbarn kennenlernen.
d) dem Einwohnermeldeamt seine neue Adresse melden.
e) einsam zu sein.
f) seine neuen Arbeitskollegen kennenzulernen.
g) die Nachbarn bald zu einer kleinen Party einzuladen.
h) Bilder aufzuhängen.
i) eine Stadtführung zu buchen.
j) nach 20 Uhr Lärm zu machen.
k) in der neuen Umgebung schnell viele Kontakte zu haben.
l) von einem Maler weiß streichen.

1.	2.	3.	4.	5.	6.	7.	8.	9.	10.	11.	12.
d											

Wann folgt in den Sätzen ein Infinitiv mit *zu*? Markieren Sie in dem Regel-Kasten auf der folgenden Seite und kreuzen Sie an. Was ist richtig, was ist falsch? Schreiben sie auf die Zeile darunter das Beispiel aus der Übung.

Vorsicht!

Bei einem **trennbaren Verb** steht das **zu** in der **Mitte** des Wortes!

kennen**zu**lernen an**zu**fangen weiter**zu**gehen

Regel

Der **Infinitiv** mit **zu**	richtig	falsch
... steht nach **Nomen + haben**, z. B. Angst/Lust/Zeit / das Gefühl haben.	☒	☐

Dann hat er nicht das Gefühl, einsam zu sein.

	richtig	falsch
... steht nach **Modalverben**.	☐	☒
... steht nach **es ist** + Adjektiv/Partizip Perfekt/Nomen, z. B. es ist schön/wichtig/verboten/erlaubt / eine gute Idee.	☐	☐
... steht nach dem Hilfsverb **werden**, z. B. ich werde ... / ich würde ...	☐	☐
... steht nach **bestimmten Verben** wie sehen/hören/lassen/bleiben/gehen/helfen/lernen.	☐	☐
... steht nach Verben, die ein **Ende** oder einen **Anfang** ausdrücken, z. B. beginnen/anfangen/aufhören.	☐	☐
... steht nach Verben, die eine **Erlaubnis** oder ein **Verbot** ausdrücken, z. B. verbieten/erlauben.	☐	☐
... steht nach Verben, die eine **Absicht** ausdrücken, z. B. planen/versuchen/vorhaben/beschließen.	☐	☐
... steht nach Verben, die ein **Gefühl** ausdrücken, z. B. hoffen/befürchten/gefallen / sich freuen.	☐	☐

→ *Deutsch für Besserwisser A2*, S. 72ff.

Ü18 Zukunftspläne

Bilden Sie Sätze und setzen Sie *zu* ein, wenn es nötig ist!

1. sich darauf freuen • beginnen • mein Studium • bald • in Deutschland • Ich

   Ich freue mich darauf, bald mein Studium in Deutschland zu beginnen.

2. hoffen • Ich • finden • eine kleine Wohnung • schnell

3. müssen • ich • Zuerst • die TestDaF-Prüfung • bestehen

4. keine Angst haben • die Prüfung • Aber • ich • schaffen • nicht gut

5. anfangen • ich • Zum Wintersemester • studieren • Informatik

6. werden • sicherlich • Das Studium • werden • nicht einfach

7. versuchen • Trotzdem • ich • einen guten Abschluss • machen

8. den Plan haben • Ich • die Firma meines Vaters • einmal • übernehmen

9. lassen • mein Vater • Zum Glück • mich • zuerst • in Ruhe • studieren

H.4.b *dass* – Infinitiv mit *zu* / *damit* – *um ... zu*

Ich hoffe dich bald wieder sehen!

Wo ist der Fehler? Schreiben Sie den Satz richtig:

_____

Regel

Bei vielen Satzanfängen kann man **dass + Nebensatz** oder

Infinitiv mit zu benützen.

Stilistisch besser ist der **Infinitiv mit zu**, wenn das Subjekt im Nebensatz auch im Hauptsatz vorkommt:

Ich habe **ihn** gebeten, dass **er** heute früher heimkommt.

Ich habe ihn gebeten heute früher **heimzukommen**.

Ü19   Wie klingt es besser?

Wandeln Sie den *dass*-Satz in einen Satz mit Infinitiv-Ergänzung um. Das ist „ökonomischer" und klingt flüssiger!

1. Ich lade für das nächste Wochenende Freunde ein, dass sie uns besuchen.

    Ich lade für das nächste Wochenende Freunde ein uns zu besuchen.

2. Ich hoffe, dass ich die Führerscheinprüfung bestehe.

    _____

3. Er beschließt, dass er für drei Jahre ins Ausland geht.

    _____

4. Ich freue mich darauf, dass ich dich am Wochenende sehe.

    _____

5. Ich glaube, dass ich mit meiner Bachelor-Arbeit bald fertig bin.

    _____

6. Mein Mann und ich haben vor, dass wir im nächsten Urlaub eine Reise durch die USA machen.

    _____

7. Du musst damit aufhören, dass du jeden Tag eine Schachtel Zigaretten rauchst!

    _____

8. In den Bergen versuche ich jedes Mal wieder, dass ich keine Angst vor der Höhe habe – aber es klappt nicht ...

    _____

9. Mein Sohn träumt davon, dass er einmal ein berühmter Schauspieler wird.

    _____

Grammatik-Tipp

ohne dass*   →   ohne zu

(an)statt dass*   →   statt zu

Das funktioniert auch bei folgenden Sätzen:

Wir haben den ganzen Tag gearbeitet, **ohne** eine Pause **zu** machen.

Mein Kollege hat heute den ganzen Nachmittag mit seiner Freundin telefoniert **statt zu** arbeiten.

(* klingt sehr umgangssprachlich bzw. veraltet)

Regel

Bei Finalsätzen kann man **damit + Nebensatz** oder **um ... zu** benützen.

Stilistisch besser ist **um ... zu**, wenn das **Subjekt im Hauptsatz** dasselbe wie das **Subjekt im Nebensatz ist**:

Ich mache jeden Tag Sport, damit **ich** fit bleibe.

Ich mache jeden Tag Sport **um** fit **zu** bleiben.

Ü20 Sprachen lernen

Verbinden Sie die beiden Sätze: *damit* oder *um ... zu*?

1. Beim Sprachenlernen sollte man jeden Tag einige Wörter wiederholen. Man erweitert seinen Wortschatz.

   Beim Sprachenlernen sollte man jeden Tag einige Wörter

   wiederholen, um seinen Wortschatz zu erweitern.

2. Jugendliche sehen gerne amerikanische und englische Filme im Original. Sie verstehen besser Englisch.

   _____

   _____

3. Ein Sprachlehrer sollte seine Schüler immer wieder aufstehen und sich bewegen lassen. Die Schüler werden nicht so schnell müde.

   _____

   _____

4. Neue Wörter kann man auf einen Zettel schreiben und an den Spiegel hängen. Man sieht sie oft und kann sie sich dadurch schneller merken.

   _____

   _____

5. Ein guter Lehrer versucht seinen Schülern die Angst vor dem Sprechen zu nehmen. Sie können vieles ausprobieren.

   _____

   _____

6. Fehler sind wichtig. Man versteht, was richtig ist und was nicht.

   _____

7. Viele Sprachenlehrer raten ihren Schülern, Texte zu schreiben. Sie können in aller Ruhe Sätze konstruieren und neue Wörter ausprobieren.

   _____

   _____

Ü21 **Wozu soll das gut sein?**

Hören Sie und fragen Sie nach wie im Beispiel.
Entscheiden Sie: *damit* oder *um ... zu*?

1. ■ Mein Kollege geht jeden Tag zu Fuß ins Büro. Er will das Geld für die U-Bahn sparen.

   ● *Was? Nur, um das Geld für die U-Bahn zu sparen?*

H.4.c *nicht/nur brauchen zu*

Du brauchst nicht die Küche aufräumen, ich mache das. Geh ruhig schon schlafen!

Wo ist der Fehler? Schreiben Sie den Satz richtig:

_____

_____

 Lern-Tipp

„Wer *brauchen* ohne zu gebraucht, braucht *brauchen* gar nicht zu gebrauchen!"

Diesen Satz lernen die Kinder in Deutschland bereits in der Grundschule.

Trotzdem machen auch viele Deutsche diesen Fehler in der Alltagssprache!

Regel

Du **brauchst** mir **nicht zu** helfen, ich kann das alleine.

(= Du **musst** mir **nicht** helfen.)

Du **brauchst** heute **kein** Mittagessen **zu** kochen, ich bleibe im Büro.

(= Du **musst** heute **kein** Mittagessen kochen.)

Du **brauchst** mich **nur** anzurufen, und schon bin ich da.

(= Du **musst nur** anrufen.)

Negation + brauchen + zu   =   nicht müssen

→ *Deutsch für Besserwisser A1*, S. 53

 Ü22 **Ich bin dann mal weg!**

Bilden Sie einen ganzen Satz mit *nicht/nur ... brauchen ... zu* wie im Beispiel.

1.   Du • heute • kein Brot mehr • kaufen

Du brauchst heute kein Brot mehr zu kaufen.

Ich habe das schon heute Vormittag erledigt.

2.   Du • nur noch • den Mantel zur Reinigung bringen

_____

Das habe ich leider nicht mehr geschafft.

3.   Den Garten habe ich schon gegossen.

Du • nur noch • die Blumen auf dem Fensterbrett gießen

_____

4.   Und sag bitte Lisa, ihre Bluse ist fertig.

Sie • nicht mehr • bügeln

_____

5.   Das Essen ist im Kühlschrank.

Ihr • nur noch • aufwärmen

_____

6. Fritz • nach dem Essen • nur noch • ins Bett bringen

_____

Die Hausaufgaben habe ich heute Nachmittag schon mit ihm gemacht.

7. Mit dem Hund • nicht • Gassi gehen

_____

Er war den ganzen Nachmittag im Garten.

8. Bei mir kann es heute spät werden.

Du • nicht • auf mich warten

_____

9. Mein Handy habe ich dabei, falls du mich brauchst.

Du • mich • nur • anrufen

Tschüs, schönen Abend!

Ü23 **Jetzt bin ich beleidigt!**
Hören Sie und antworten Sie wie im Beispiel.

1. ■ Immer muss ich auf dich warten!

   ● _Du brauchst nicht auf mich zu warten!_

Wortschatz-Tipp

brauchen = nötig haben, benötigen

Ich **brauche** unbedingt ein Auto, denn ich wohne auf dem Land.

gebrauchen = benutzen

Vielen Dank für das tolle Geschenk! Das kann ich wirklich gut **gebrauchen**.

H.5. Relativsatz

H.5.a Relativsatz im Nominativ, Akkusativ und Dativ

Wo ist der Fehler? Schreiben Sie den Satz richtig:

_____

_____

Ü24 Der neue Arbeitsplatz

Markieren Sie die Relativpronomen, teilweise auch mit Präposition.

So, Herr Schubert, nun stelle ich Ihnen Ihre neuen Kollegen und Kolleginnen vor.

Das hier ist Frau Allmann, <u>die</u> mit Ihnen im selben Zimmer arbeitet und mit der sie

alle Termine absprechen sollten. (1) Hier drüben sitzt Herr Ferber, den Sie ja bereits

gestern kennengelernt haben und der Ihr direkter Ansprechpartner für organisatorische

Fragen ist. (2) Das hier sind Ihre Kollegen Weiß und Hahn von der Personalabteilung, die

Sie jetzt gleich im Meeting treffen werden und denen ich auch schon Ihre Kontaktdaten

gegeben habe. (3) Und hier den Gang entlang geht es zu Ihrem Büro, das übrigens frisch

renoviert wurde und in das Sie morgen einziehen können. (4)

Aber nun müssen wir uns beeilen und zu dem Meeting gehen, von dem ich Ihnen vorhin

erzählt habe. (5) Kommen Sie!

Ergänzen Sie die Tabelle mit den Relativpronomen aus dem Text. Können Sie die fehlenden Relativpronomen selbst ergänzen?

	m	f	n	Pl
Nom.		*die*		
Akk.				
Dat.				

Lern-Tipp

Die **Relativpronomen** sind wie die **definiten Artikel**!

Ausnahme: **denen** (Dativ Plural)

Regel

Nähere Beschreibung einer Person oder Sache → **Relativsatz**

Heute treffe ich **einen Mann**.	**Der Mann** hat mir letztes Jahr sein Schiff verkauft.
	Ich wollte **den Mann** schon lange zum Essen einladen.
	Ich möchte **dem Mann** noch viele Fragen stellen.
Hauptsatz	Hauptsatz

Heute treffe ich **den Mann**,	**der** mir letztes Jahr sein Schiff verkauft hat.
	den ich schon lange zum Essen einladen wollte
	dem ich noch viele Fragen stellen möchte
Hauptsatz	Nebensatz

Ü25 Die lieben Kollegen

Ergänzen Sie den Dialog mit den passenden Relativpronomen.

- ■ Hallo Julius, sollen wir zusammen Mittagspause machen?

- ● Oh ja, gehen wir doch wieder in das kleine Lokal, _das_ (1) du neulich entdeckt hast! Aber dieses Mal bitte ohne irgendwelche Kollegen, _____ (2) die ganze Zeit über die Arbeit sprechen.

- ■ Ja, das hat mich letztes Mal auch gestört. Mit diesen Leuten, _____ (3) ich sonst eigentlich ganz nett finde, kann man leider über nichts anderes reden.

- ● Hast du eigentlich schon Susanne kennengelernt?

- ■ Ist das die große Blonde, _____ (4) du heute Morgen die Tür aufgehalten hast?

- ● Ja! In einem Kleid, _____ (5) mir nicht mehr aus dem Kopf gegangen ist.

- ■ Ach! Wahrscheinlich weniger das Kleid als die Frau, _____ (6) darin steckte!

- ● Hm. Aber typisch, wie Kollege Meier, _____ (7) immer dort ist, wo schöne Frauen sind, in jeder Pause an ihrem Tisch sitzt!

- ■ Na, sie wird schon bald merken, dass das ein Kollege ist, _____ (8) man nicht vertrauen sollte.

- ● Gibt es denn überhaupt Kollegen, _____ (9) du wirklich vertraust?

- ■ Natürlich, dir zum Beispiel! Und Markus – er ist ein Mensch, _____ (10) man erst einmal gut kennenlernen muss. Er würde aber das Team, _____ (11) er angehört, immer absolut unterstützen.

- ● Da hast du recht. Eigentlich haben wir jetzt auch die ganze Zeit über die Arbeit geredet...

Ü26 Und wer oder was ist das?

Hören Sie und antworten Sie wie im Beispiel.

1. ■ Diesem Mann könnte ich stundenlang zuhören.

   ● *Und wer ist dieser Mann, dem du stundenlang zuhören könntest?*

II.5.b Relativsatz mit Präpositionen

Wo ist der Fehler? Schreiben Sie den Satz richtig:

Vorsicht!

Bei **Verben mit Präpositionen** stehen die Präpositionen immer vor dem Relativpronomen, **auch im Relativsatz**!

> Du bist eine von den Frauen, **auf die** man immer **warten** muss!

> Ich habe die Blumen, **über die** sich Michaela so **gefreut** hat, in diesem Blumenladen gekauft.

H

Ü27 Alles ist relativ …

Welche Satzteile passen zusammen? Ordnen Sie zu.

1. Der Klimawandel ist ein Thema, für
2. Ist das die Kellnerin, über
3. Wir haben zusammen einen Urlaub verbracht, an
4. Nächsten Samstag gibt es in der Philharmonie ein Konzert, zu
5. Plankton sind kleine Organismen, von
6. Bist du zufrieden mit dem Auto, für
7. Das ist der Kandidat der konservativen Partei, von
8. Hast du schon den Artikel in der Zeitung gelesen, über
9. Wie hat dir das Seminar gefallen, an
10. Hast du mir das Buch mitgebracht, um

a) den ich mich immer gern erinnere.
b) denen sich Wale ernähren.
c) das du dich entschieden hast?
d) das ich mich schon immer interessiert habe.
e) das ich dich letzte Woche gebeten habe?
f) dem das nächste Wahlergebnis abhängen wird.
g) den ich mich gestern so geärgert habe?
h) die du dich neulich beim Direktor beschwert hast?
i) dem du letztes Wochenende teilgenommen hast?
j) dem ich dich gern einladen würde.

1.	2.	3.	4.	5.	6.	7.	8.	9.	10.
d									

Möchten Sie die Verben mit Präpositionen wiederholen?
→ *Deutsch für Besserwisser A2*, S. 55 ff.

Vorsicht!

Der Relativsatz sollte nicht zu weit von dem Nomen entfernt sein, auf das er sich bezieht!

Dieser Cocktail ~~ist leider sehr teuer~~, der so wunderbar nach exotischen Früchten schmeckt.

Dieser Cocktail, der so wunderbar nach exotischen Früchten schmeckt, ist leider sehr teuer.

Wenn nach dem Relativsatz aber nur noch sehr wenige Wörter kommen, wird der Hauptsatz beendet, bevor der Relativsatz anschließt:

Sie hat gestern Abend ihren Freund, der schon seit über einem Jahr im Ausland lebt, ~~getroffen~~.

Sie hat gestern Abend ihren Freund getroffen, **der schon seit über einem Jahr im Ausland lebt.**

Ü28 Klassentreffen

Machen Sie aus den zwei Hauptsätzen einen Hauptsatz mit Relativsatz.

1. Nächste Woche haben wir 10-jähriges Klassentreffen. Auf dem Klassentreffen werde ich alle meine alten Freunde wiedersehen.

   Nächste Woche haben wir 10-jähriges Klassentreffen, auf

   dem ich alle meine alten Freunde wiedersehen werde.

2. Hoffentlich kommt auch unser Klassenbester. In Mathematik habe ich immer von ihm abgeschrieben.

3. Auf meine alte Freundin Ella freue ich mich am meisten. Mit ihr habe ich früher fast jeden Nachmittag verbracht.

4. Und die schöne Bella wird sicher auch kommen. Für sie haben sich alle Jungs der ganzen Schule interessiert.

5. Übrigens ist Konrad Manager bei einer großen Firma geworden. Über ihn haben immer alle gelacht.

6. Ich bin auch auf Björn gespannt, unseren Klassensprecher. Für ihn hat jedes Jahr immer die ganze Klasse gestimmt.

7. Ach, und mein lieber Freund Gerhard kommt hoffentlich auch. Ich war einmal so schrecklich in ihn verliebt.

8. Unser Lehrer, Herr Schweighofer, wollte auch kommen. Mit ihm haben wir uns alle sehr gut verstanden.

_____

_____

9. Ich bin schon so gespannt auf diesen Abend. Ich werde dir alles von diesem Abend erzählen!

_____

_____

Vorsicht!

Vor und **nach** dem **Relativsatz** kommt immer ein **Komma**!

Das Auto**,** das ich mir vor einem Monat gekauft habe**,** ist schon wieder kaputt.

Wenn der Relativsatz am Ende kommt, dann hat er natürlich einen Punkt und kein Komma!

Ü29 Vorstellungen

Sie wollen einige Personen vorstellen. Hören Sie und wiederholen Sie wie im Beispiel.

1. ■ Das ist meine Freundin Bea. Ich habe Ihnen schon viel von ihr erzählt.

   ● *Darf ich Ihnen meine Freundin Bea vorstellen, von der ich Ihnen schon viel erzählt habe?*

H.5.c Relativsatz mit Genitiv

Wo ist der Fehler? Schreiben Sie den Satz richtig:

_____

_____

 Regel

Der Autor hat ein fantastisches Buch geschrieben.

Ich habe **den Namen des Autors** leider vergessen.

      Genitivattribut

Ich habe **seinen Namen** leider vergessen.

    Possessivartikel

→ Der Autor, **dessen Namen** ich leider vergessen habe, hat ein fantastisches Buch geschrieben. ↓

    Relativpronomen im Genitiv!

 Lern-Tipp

Auch hier, wie im Dativ Plural (den**en**), **definiter Artikel + (s)en**:

maskulin/neutral: dessen

feminin/Plural: deren

Vorsicht!

Das **Nomen**, das dem Relativpronomen im Genitiv folgt, **hat keinen Artikel!**

 Ü30 Geografie-Quiz

Ordnen Sie die Sätze zu und machen Sie aus den beiden Hauptsätzen einen
Hauptsatz mit Relativsatz.

1. Die Stadt liegt an der Isar.

2. Das Gebirge erstreckt sich über
   acht Länder.

3. Das Meer ist der nördlichste Punkt
   von Deutschland.

4. Der Naturpark grenzt im Nordosten
   an Tschechien.

5. Die Insel liegt im Bodensee.

6. Diese Stadt hat die meisten
   Hochhäuser in Deutschland.

7. Der Fluss ist der bekannteste Fluss
   Deutschlands.

8. Die sogenannten neuen Bundesländer
   lagen früher in der DDR.

a) Seine Grenze im Westen ist
   Großbritannien.

b) Ihr größtes ist Brandenburg.

c) Seine wichtigste Touristenattraktion
   ist der Lorelei-Felsen.

d) In ihrem berühmten Garten wachsen
   auch tropische Pflanzen.

e) Ihre Hauptattraktion ist das
   Oktoberfest.

f) Ihr Name ist als Sitz der Europäischen
   Zentralbank weltweit bekannt.

g) In seinen Wäldern leben viele seltene
   Tier- und Pflanzenarten.

h) Sein höchster Berg ist der Mont Blanc.

1.	2.	3.	4.	5.	6.	7.	8.
e							

1. Die Stadt, *deren Hauptattraktion das Oktoberfest ist, liegt an der Isar.*

2. Das Gebirge, _____

_____

3. Das Meer, _____

_____

4. Der Naturpark, _____

_____

5. Die Insel, _____

_____

6. Diese Stadt, _____

_____

7. Der Fluss, _____

_____

8. Die sogenannten neuen Bundesländer, _____

_____

 Landeskunde-Tipp

Und, haben Sie's gewusst?

1. München

2. die Alpen

3. die Nordsee

4. Naturpark Bayrischer Wald

5. Insel Mainau

6. Frankfurt am Main

7. der Rhein

8. Sachsen-Anhalt, Mecklenburg-Vorpommern, Brandenburg, Freistaat Sachsen, Thüringen

Ü31 **Wen oder was meinst du?**

Hören Sie und antworten Sie wie im Beispiel.

1. Seine Frau war mit mir im Sprachkurs.

   ■ Weißt du, ich meine diesen einen Mann ...

   ● *Meinst du den, dessen Frau mit mir im Sprachkurs war?*

2. Ihr Auto ist so unglaublich pink.

3. Seine Eltern sehen aus wie Großeltern.

4. Ihre Flyer liegen überall auf den Straßen herum.

5. Sein Einband ist so schmutzig.

6. Ihre Blüten duften so wunderbar.

7. Ihre Kommentare sind immer so besonders gut.

8. Ihre Schale ist ganz gelb.

9. Seine Ärmel sind schon ganz zerrissen.

10. Seine Briefe waren immer so romantisch.

H.5.d Relativsatz mit *was* und *wo*

Wo ist der Fehler? Schreiben Sie den Satz richtig:

_____

Ü32 Ausflug ins Rheinland

Markieren Sie die Relativpronomen *was* und *wo* mit den jeweiligen Bezugswortern.

1. Düsseldorf ist eine Stadt, wo man sehr elegante und schicke Modegeschäfte findet.

2. Das ist etwas, was jeder weiß.

3. Die rheinische Stadt Köln, wo man den berühmten Kölner Karneval feiert, wurde von den Römern gegründet.

4. Von allen Sehenswürdigkeiten in Deutschland ist der Kölner Dom das, was die meisten Touristen besichtigen.

5. Eine Touristin schrieb im Internet: „Der Kölner Dom ist das Schönste, was ich in meinem Leben gesehen habe."

6. Das ist aber noch nicht alles, was man in Nordrhein-Westfalen besichtigen kann.

7. Man kann sich eine ganze Rundreise zusammenstellen, was sich im Rheinland besonders gut realisieren lässt.

8. Und wenn man sich dabei von einem Reisebüro beraten lässt, gibt es nichts, was man bei seiner Planung vergisst!

Schreiben Sie neben die Regel jeweils ein Beispiel aus den Sätzen 1 bis 8.

Regel

Das **Relativpronomen wo** steht ...

... für eine lokale Angabe:
Düsseldorf ist eine Stadt, wo man sehr elegante und schicke Modegeschäfte findet.

Das **Relativpronomen was** steht ...

... wenn das Bezugswort ein Demonstrativpronomen ist: _____

... wenn das Bezugswort ein Indefinitpronomen ist: _____

... wenn das Bezugswort ein Superlativ ist: _____

... wenn es sich auf einen ganzen Satz bezieht: _____

Grammatik-Tipp

Dresden ist **eine schöne und interessante Stadt**. **Dort** wird deutsche Geschichte lebendig.

Dresden ist **eine schöne und interessante Stadt**, **in der** deutsche Geschichte lebendig wird.

Dresden ist **eine schöne und interessante Stadt**, **wo** deutsche Geschichte lebendig wird.

Es gibt verschieden Möglichkeiten!

Ü33 **Statements**

Hören Sie und antworten Sie wie im Beispiel.

26

1. ja • eine Stadt

    ■ Gefällt es dir in Hamburg wirklich gut?

    ● *Ja, Hamburg ist eine Stadt, wo es mir wirklich gut gefällt.*

2. ja • das

3. ja • etwas

4. nein • alles

5. nein • nichts

6. nein • das Schönste

7. ja • ein Land

8. ja • ein Ort

9. nein • nichts

10. ja • etwas

I. Satzstellung

I.1. Position von *nicht*

Wo ist der Fehler? Schreiben Sie den Satz richtig:

_____

Ü34 **Total digital**

Markieren Sie im Text die Negation mit *nicht*.

Wer nutzt das breite Angebot, das uns das Internet bietet, heute <u>nicht</u>? (1) Eine Welt

ohne Computer oder Smartphones kann man sich heute nicht vorstellen. (2) Jeder zweite

Erwachsene surft damit nicht nur zu Hause im Internet, sondern auch unterwegs. (3)

Videos und Fotos anschauen, spielen, lesen oder Nachrichten an Freunde schreiben:

Das kennt jeder. Auch für das Reisen hat sich dadurch viel verändert. Viele können sich

nicht an die Zeit erinnern, wenn man ganz schnell noch eine Fahrkarte brauchte, die

Schalter aber nicht offen waren, weil es Sonntag war oder schon nach 18 Uhr. (4) Heute

wird schon mehr als jedes zweite Ticket mit dem Computer oder über ein App auf dem

Smartphone gebucht.

Das ist aber nicht alles. (5) Mit Apps geht noch mehr: Wenn man an seinem Zielbahnhof nicht das eigene Auto zur Verfügung hat, kann man sich damit zum Beispiel ein Fahrrad oder einen Mietwagen für die Weiterfahrt ausleihen. (6)

Da immer mehr Deutsche Pendler sind, ist ein solcher Service inzwischen besonders wichtig geworden. Es soll ja Leute geben, die inzwischen den Zug nicht als Verkehrsmittel nutzen, sondern als ihr Büro – oder sogar darin wohnen. (7)

Ergänzen Sie nun die Sätze aus dem Regelkasten mit jeweils einem Beispiel aus der Übung.

Regel

nicht steht ...

1. ... (möglichst weit) **am Ende** des Satzes.
   Wer nutzt das breite Angebot, das uns das Internet bietet, heute nicht.

2. ... **vor** dem zweiten Teil des Verbes.
   _____
   _____

3. ... **vor** Akkusativ-Ergänzungen, die zum Verb gehören.
   _____
   _____

4. ... **vor** einer Präpositional-Ergänzung.
   _____
   _____

5. ... **vor** einer lokalen Ergänzung.
   _____
   _____

6. ... **vor** einem Adjektiv, das **sein** oder **werden** ergänzt.
   _____
   _____

7. ... **vor** einer qualitativen Ergänzung.
   _____

8. ... **vor** dem Satzteil, der verneint ist.
   _____
   _____

Ü35 Klein, aber fein

Bilden Sie aus den Satzteilen Sätze mit *nicht*. Welche der Regeln 1 bis 8 passt hier?

1. Viele • eine große Wohnung in der Stadt • sich leisten können

   Viele können sich eine große Wohnung in der Stadt nicht leisten. (Regel *2*)

2. Deswegen • aufs Land • ziehen müssen

   _____

   _____ (Regel __ oder __)

3. Die Idee mit den Mikrowohnungen • bis jetzt • geben

   _____

   _____ (Regel __)

4. Die 23-Quadratmeter-Wohnungen • allen • gefallen

   _____

   _____ (Regel __)

5. Außerdem • billig • sein

   _____ (Regel __)

6. Die Wohnungen • für lange Zeit • gedacht sein

   _____

   _____ (Regel __)

7. Nur Studenten • sich darin wohl fühlen

   _____ (Regel __)

8. Die Idee • aus Deutschland • stammen

   _____ (Regel __ oder __)

9. dieses Konzept • In China • neu sein

   _____ (Regel __)

10. Viele Experten • dass die Deutschen die Wohnidee annehmen werden • bezweifeln

    _____

    _____ (Regel __)

Ü36 Fragen zur Person

Formulieren Sie Fragen und negative Antworten mithilfe der Angaben im Kasten.

	Maria	Jakob	Julia und Martin
verheiratet sein	−	+	+
Russisch können	+	−	+
zu Hause wohnen	+	+	−
sportlich sein	+	−	+
alle Hauptstädte auswendig wissen	−	+	+
viel über die Arbeit sprechen	+	+	−
Auto fahren	+	−	+
sich für Politik interessieren	+	+	−
im Ausland studiert haben	−	+	+
von einer Weltreise träumen	+	−	+

1. *Ist Maria verheiratet? – Nein, sie ist nicht verheiratet.*

2. _____

3. _____

   _____

4. _____

5. _____

   _____

6. _____

   _____

7. _____

8. _____

   _____

9. _____

10. _____

Ü37 Ein bekannter deutscher Rockstar

Verneinen Sie den Satz bzw. den unterstrichenen Satzteil und schreiben Sie den Satz noch einmal.

1. Rio Reiser gefällt vielen Leuten.

   Rio Reiser gefällt vielen Leuten nicht.

2. Die Journalisten mögen ihn.

   _____

3. Er ist der beste Musiker.

   _____

4. Seine Texte sind besonders originell.

   _____

5. Er hat viel Erfolg.

   _____

6. Er ist der coolste deutsche Rockstar aller Zeiten.

   _____

7. Seine Konzerte dauern drei Stunden.

   _____

8. Er mag sein Publikum.

   _____

9. Er ist nach Amerika gegangen, um seine Karriere voranzutreiben.

   _____

   _____

10. Er wohnt in einer Luxusvilla in Berlin.

    _____

Ü38 Der erste Tag im neuen Job

Hören Sie und antworten Sie wie im Beispiel.

1. ■ Schön, dass Sie da sind. Haben Sie gut hergefunden?

   ● *Nein, leider habe ich nicht gut hergefunden.*

I.2.   Position der Pronomen

Hast du der Kleinen schon ihre Gute-Nacht-Geschichte vorgelesen?

Ja, ich habe ihr sie schon vorgelesen.

Wo ist der Fehler? Schreiben Sie den Satz richtig:

_____

Ü39   Studieren ohne Abitur

Markieren Sie alle Pronomen sowie alle Dativ- und Akkusativergänzungen im Text.

Wer in Deutschland ohne Abitur an einer Universität studieren möchte, braucht eine

Berufsausbildung. (1) Das Abschlusszeugnis ist für die Universität ein Ersatz für das

Abiturzeugnis und man muss es ihr vorlegen, bevor man studieren darf. (2) Schaut man

sich die Zahl der Studierenden ohne Abitur in der Zeit von 2007 bis 2013 an, dann sieht

man, dass sie deutlich wächst. (3) Eine positive Entwicklung, denn nun können auch

Kinder aus Nicht-Akademiker-Familien leichter einen Hochschulabschluss bekommen

und die Uni gibt ihnen eine neue Chance. (4)

Einigen traditionellen Professoren gefallen diese neuen Möglichkeiten aber nicht. (5)

Sie wollen sich nicht um diese Zielgruppe kümmern. (6) Dagegen empfehlen sie den

Jugendlichen ein Studium gleich nach der Schulzeit zu machen. (7)

Welche Regel stimmt? Kreuzen Sie *richtig* oder *falsch* an.

Regel

	richtig	falsch
Wenn die Ergänzungen **Nomen** sind, kommt zuerst die Dativ- und dann die Akkusativergänzung.	☒	☐
Wenn die Ergänzungen **Nomen** sind, kommt zuerst die Akkusativ- und dann die Dativergänzung.	☐	☐
Wenn die Ergänzungen **Pronomen** sind, kommt zuerst die Dativ- und dann die Akkusativergänzung.	☐	☐
Wenn die Ergänzungen **Pronomen** sind, kommt zuerst die Akkusativ- und dann die Dativergänzung.	☐	☐
Wenn eine Ergänzung ein **Pronomen** und die andere Ergänzung ein **Nomen** ist, kommt erst das Pronomen, dann das Nomen.	☐	☐
Wenn eine Ergänzung ein **Pronomen** und die andere Ergänzung ein **Nomen** ist, kommt erst das Nomen und dann das Pronomen.	☐	☐

→ *Deutsch für Besserwisser A2*, S. 172

Regel

Nicht vergessen:

Manche Verben brauchen eine **Akkusativ-** und eine **Dativergänzung:**

z. B. schenken, geben, zeigen, leihen, erklären, ...

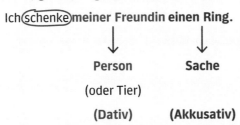

Ich schenke meiner Freundin einen Ring.

Person   Sache

(oder Tier)

(Dativ)   (Akkusativ)

Im Satz kommt **zuerst** die **Dativ-, dann** die **Akkusativergänzung!**

Ebenso: Ich schenke   **ihr**   **einen Ring.**

Aber: Ich schenke   **ihn** ⤺ **ihr** (oder: **meiner Freundin**)

Grammatik-Tipp

Personalpronomen (ich, du, wir, …) und **Reflexivpronomen** (mich, dich, sich, …) stehen im Satz immer **möglichst weit vorne**, gleich nach dem Verb.

Vorsicht: Priorität hat das nachgestellte Subjekt!

Gestern hat er **ihn** am frühen Nachmittag getroffen.

So etwas Schönes habe ich **mir** schon lange gewünscht.

Ü40 Wissen Sie es?

Setzen Sie die Pronomen und Satzteile an die richtige Stelle im Satz.

1. dir   Warum will er das nicht sagen?

    Warum will er dir das nicht sagen?

2. es   Die Mutter hat ihnen erzählt.

    _____

3. mir   Ich weiß nicht, ob sie etwas zu Weihnachten schenkt.

    _____

4. euch • die Nachricht   Ich hatte immer Angst, zu schreiben.

    Ich hatte immer Angst, euch die Nachricht zu schreiben.

5. ihm • die Aufgabe   Warum erklärt niemand?

    _____

6. ihm   Warum soll man nicht alles glauben?

    _____

7. euch   Hat sie nichts geschenkt?

    _____

8. mir   Wann willst du es zurückgeben?

    _____

9. es • ihm   Es ist Zeit, endlich zu zeigen.

    _____

10. uns   Der Termin passt leider gar nicht.

    _____

Ü41 Und noch etwas üben

Schreiben Sie die Fragen noch einmal. Verwenden Sie für die unterstrichenen Satzteile Pronomen.

1. Hast du deiner Freundin die Geschichte erzählt?

   Hast du sie ihr erzählt?

2. Hat der Opa seinem Enkel das rote Fahrrad geliehen?

   _____

3. Hat dein Mann dir den goldenen Ring versprochen?

   _____

4. Hat der Bankangestellte dem Kunden den Scheck zurückgegeben?

   _____

5. Hat der Mann den Kindern den Ball weggenommen?

   _____

6. Hat der kleine Junge seinen Eltern das Abenteuer erzählt?

   _____

7. Liefert die Firma ihren Kunden die Ware pünktlich?

   _____

8. Hat die Sekretärin sich mit dem amerikanischen Geschäftspartner getroffen?

   _____

9. Hat die Touristen-Information den Leuten das neue Hotel empfohlen?

   _____

10. Hat der Arzt dem Patienten das Medikament verschrieben?

    _____

Ü42 Checkliste für einen Auslandsaufenthalt

Hören Sie und antworten Sie wie im Beispiel.

1. ■ Haben Sie sich schon ein Visum besorgt?

   ● *Ja, ich habe es mir schon besorgt.*

P.   Phonetik

P.1.   *p, t, k – b, d, g*

Ü1   Hart oder weich?

Hören Sie und vergleichen Sie. Hören Sie den Unterschied?

29

- ■ Herr Direktor, kann ich Sie etwas fragen? Thomas möchte eine Pause machen, ist das möglich?
- ● Thomas hat doch vor kurzem erst Pause gemacht! Außerdem kann er mich auch selbst fragen.

Vorsicht!

Der erste Sprecher hat wohl viel mit österreichischen Dialekt-Sprechern zu tun gehabt. Die sehr weiche Aussprache ist typisch für den österreichischen Dialekt!

Ü2   *p, t, k – b, d, g* (I)

Hören Sie die Wortpaare und wiederholen Sie.
Halten Sie dabei die Hand wie einen Spiegel vor das Gesicht.
Bei welchen Wörtern spüren Sie auf der Hand Ihre Atemluft? Markieren Sie.

30

1. packen   –   backen

2. danken   –   Tante

3. kleben   –   geben

4. Bücher   –   prüfen

5. gut   –   Kunst

6. Pech   –   Blech

7. trinken   –   denken

8. danken   –   tanken

9. glauben   –   kaufen

10. Kasse   –   Gasse

P

Regel

Die Atemluft spürt man auf der Hand bei den Anfangskonsonanten ...

☐ g   ☐ k   ☐ d   ☐ t   ☐ b   ☐ p

Diese Laute nennt man **Explosivlaute**, da die Luft wie bei einer Explosion ausgestoßen wird.

Aussprache-Tipp

Wenn es Ihnen schwerfällt, die **Explosivlaute** wirklich hart zu sprechen, **üben Sie mit einer Kerze**:

Wenn Sie **p**, **t** und **k** wirklich explosiv sprechen, können Sie damit eine Kerzen-flamme löschen!

Ü3 Wortanfang und Wortmitte

Hören Sie die Wortpaare und konzentrieren Sie sich auf die Explosivlaute. Hören Sie einen Unterschied zwischen *p*, *t* und *k* am Wortanfang und in der Wortmitte?

1.   Tier   –   Haustier

2.   Papier   –   Schreibpapier

3.   Konzert   –   Geigenkonzert

4.   Kuchen   –   Sonntagskuchen

5.   Prüfung   –   Ampel

6.   krank   –   danken

7.   trinken   –   hinten

8.   Tasse   –   Blatt

9.   Päckchen   –   stempeln

Regel

Die **Explosivlaute** werden ...

☐   am Wortanfang und in der Wortmitte genau gleich ausgesprochen.

☐   am Wortanfang härter ausgesprochen als in der Wortmitte.

☐   in der Wortmitte härter ausgesprochen als am Wortanfang.

Ü4 *p, t, k – b, d, g* (II)

Hören Sie und wiederholen Sie. Konzentrieren Sie sich auf die Unterschiede zwischen *p* und *b*, *t* und *d* und *k* und *g*.

1. Peter und Paul bestehen die Prüfung bestens.

2. Pinguine leben am Nordpol, Eisbären leben am Südpol.

3. Prima, Papa putzt heute das Bad! Leider macht er dabei den Spiegel kaputt.

4. Wer taucht tiefer: dicke Taucher oder dünne Taucher?

5. Darf ich dir raten? Du solltest keine Dummheiten machen!

6. Toll, wie Dirk und Doris den Ententanz tanzen!

7. Gibst du Günther keinen Kuss, Karla?

8. Banken geben Kredite an Kunden, die mit dem Geld ein Haus kaufen können.

9. Mach dir keine Sorgen, die Socken kann man flicken!

Vorsicht!

Am Wortende spricht man **d, g** und **b** auch **wie Explosivlaute!**

Hund, Tag, Dieb

Das ist wichtig, sonst klingt das, als würde man ein **reduziertes e** anhängen! Das hört man, wenn man Singular und Plural vergleicht:

Hund – Hunde

Tag – Tage

Dieb – Diebe

P.2. *s* und *z*

Ü5 Auf dem Flohmarkt

Hören Sie und vergleichen Sie den ersten und den zweiten Sprecher. Hören Sie den Unterschied?

■ Das Sakko kostet wirklich zehn Euro?

● Ja, zehn Euro ist der letzte Preis!

P.2.a Das stimmhafte und das stimmlose *s*

Aussprache-Tipp

Wie klingt ein **Moskito**?

sssssssss → Das ist das **stimmhafte s**!

Wie klingt eine **Schlange**?

sssssssss → Das ist das **stimmlose s**!

Ü6 Stimmhaftes oder stimmloses *s* (I)

Hören Sie und markieren Sie die *s*-Laute. Kreisen Sie die stimmhaften *s* ein und unterstreichen Sie die stimmlosen *s*.

(1) Sagen   (2) Sonne   (3) Kuss   (4) bis   (5) lesen   (6) reisen   (7) lassen

(8) Füße   (9) Österreich   (10) Hans

Was ist richtig? Kreuzen Sie an:

Regel

Stimmhaft wird das **s** gesprochen ...

☐ ... am Wortende

☐ ... am Wortanfang vor einem Vokal

☐ ... am Wortanfang vor einem Konsonanten

☐ ... zwischen zwei Vokalen

☐ ... vor oder nach einem Konsonanten

Stimmlos wird das **s** gesprochen ...

☐ ... am Wortende

☐ ... am Wortanfang vor einem Vokal

☐ ... am Wortanfang vor einem Konsonanten

☐ ... zwischen zwei Vokalen

☐ ... vor oder nach einem Konsonanten

Landeskunde-Tipp

Das stimmhafte **s** wird nicht überall in Deutschland korrekt gesprochen.

Zum Beispiel in Süddeutschland, aber auch in Österreich und der Schweiz gibt es kein stimmhaftes **s**.

Ü7 Stimmhaftes oder stimmloses *s* (II)

Hören Sie und wiederholen Sie.

38

1. Sag bitte Susanne, sie soll die Tassen saubermachen!

2. Die Suppe ist sehr salzig.

3. Im Sand liegen, lesen und Kreuzworträtsel lösen – das ist ein super Urlaub!

4. Wenn es im Sommer so heiß ist, esse ich gern Eis.

5. Salat und Gemüse sind sehr gesunde Sachen.

Vorsicht!

Das stimmlose **s** schreibt man:

1. **s**   bis
2. **ss** Kasse
3. **ß**   draußen

P.2.b Das *z*

Aussprache-Tipp

Das **z** spricht man im Deutschen immer wie **ts**, also **sehr hart**!

Ü8 Zahlen

Hören Sie und wiederholen Sie.

1. 10 + 22 = 32

2. 15 + 17 = 32

3. 12 + 13 = 25

4. 27 + 42 = 69

5. 16 + 72 = 88

Vorsicht!

Den Laut **ts** kann man schreiben:

1. **z**   **z**ählen → Wortanfang, Silbenanfang, nach langen Vokalen

2. **tz**   je**tz**t   → nach kurzen Vokalen

3. **ts**   nich**ts** → wenn das Grundwort auf **-t** endet

4. **t**(ion) Na**t**ion → ein Wort aus dem Lateinischen auf **-tion**

Ü9 Das z

Hören Sie und wiederholen Sie.

1. Jetzt zahlen wir nichts für die Heizung, denn wir ziehen warme Jacken an.

2. Du liest zu wenig internationale Zeitungen.

3. Zehn Löffel Zucker ist wirklich zu viel!

4. Der Zauberer lässt die Katzen tanzen.

Zehn Ziegen ziehen zehn Zentner Zucker zum Zoo!

P.3. *w* und *b*

Ü10 Schwierigkeiten

**Hören Sie und vergleichen Sie den ersten und den zweiten Sprecher.
Hören Sie den Unterschied?**

🎧 41

■ Ich weiß es nicht, das ist zu schwer.

● Nein, das ist nicht schwer, das kannst du wissen!

Aussprache-Tipp

🎧 42

Sie sprechen das **b**:

Die Lippen sind zusammen. Erst wenn Luft ausgestoßen wird,
öffnen sich die Lippen: → **b**

Sie sprechen das **w**:

Der Mund ist leicht geöffnet. Die Vorderzähne liegen auf der Unterlippe,
während Sie ausatmen: → **w**

Ü11 *w* und *b* (I)

Was hören Sie? Kreuzen Sie an.

🎧 43

		w	*b*
1.	Winter	☒	☐
2.	bald	☐	☐
3.	Wald	☐	☐
4.	Werk	☐	☐
5.	Berg	☐	☐
6.	Wolke	☐	☐
7.	Bogen	☐	☐
8.	Bär	☐	☐
9.	wer	☐	☐
10.	weiß	☐	☐
11.	beißen	☐	☐

Ü12 *w* und *b* (II)

Hören Sie und wiederholen Sie.

1. Im Winter ist meine Wohnung nicht sehr warm, da brauche ich Wollpullover!

2. Die Hunde bellen die Wellen an.

3. Nebelschwaden wabern übers Wasser.

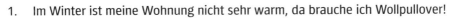

4. ▪ Wie würdest du die Welt verbessern?

   ● Ich weiß es nicht ...

5. ▪ Wer hat was wann und warum gemacht?

   ● Wie bitte?

Wir Wiener Waschweiber würden weiße Wäsche waschen, wenn wir wüssten, wo warmes Wasser wär'!

Lösungen

Teil 1: Verben

A.1. *Als wir noch auf dem Land wohnten, fand ich das Stadtleben viel interessanter.*

Ü1 *reguläre Verben:*

ich wohnte wir wohnten
du wohntest ihr wohntet
er/sie/es wohnte sie/Sie wohnten

irreguläre Verben:

ich kam wir kamen
du kamst ihr kamt
er/sie/es kam sie/Sie kamen

(2) besuchte (3) saßen (4) wollten
(5) meinte (6) gab (7) stand (8) wurdest
(9) war (10) wusste (11) musste
(12) rief ... an (13) freute (14) gefiel
(15) traf (16) kam (17) dauerte (18) war
(19) unterhielten (20) schloss (21) brachte
(22) mochten (23) fanden

Ü2 2. Der Täter zerstörte mit einem Stein die Kamera und stieg dann über den Zaun.
3. Dabei blieb er hängen und riss ein Stück aus seiner roten Jacke.
4. Die Hunde des Generalkonsuls kannten den Täter anscheinend, denn sie bellten nicht.
5. Er brachte ihnen wahrscheinlich auch eine Menge Würste mit, da auf dem Rasen eine große Tüte von einer Metzgerei lag.
6. Der Täter ging nun um das Haus herum und bereitete den Einstieg über das Bürofenster vor.
7. Er sah dabei nicht die zweite Kamera, weshalb es einige Bilder von dem Einbruch gibt.
8. In einem Rucksack trug er professionelles Werkzeug mit sich.
9. Er schnitt einen Kreis aus dem Fenster und öffnete es so von innen.
10. Das machte er so vorsichtig, dass die Alarmanlage nicht anging – ein weiterer Beweis, dass dem Täter die Villa und ihre Schutzmechanismen bekannt waren.
11. Aus dem Büro stahl er nur ein grünes Kissen, das mit einer goldenen Sonne bestickt war.

12. An anderen wertvollen Dingen, die auf dem Schreibtisch lagen, hatte der Täter kein Interesse.
13. Der Generalkonsul wusste nichts über den Wert des Kissens.
14. Der Täter floh mit seiner Beute, deshalb bittet die Polizei um Mithilfe bei der Aufklärung.

Ü3 *i → a → u*: gelingen, gelang, gelungen / trinken, trank, getrunken / springen, sprang, gesprungen / verschwinden, verschwand, verschwunden

a → i → a: fangen, fing, gefangen / lassen, ließ, gelassen / schlafen, schlief, geschlafen / fallen, fiel, gefallen / halten, hielt, gehalten

e → a → e: essen, aß, gegessen / geben, gab, gegeben / lesen, las, gelesen / sehen, sah, gesehen / vergessen, vergaß, vergessen

ei → i(e) → i: reiten, ritt, geritten / bleiben, blieb, geblieben / leihen, lieh, geliehen / schneiden, schnitt, geschnitten / schreiben, schrieb, geschrieben / reißen, riss, gerissen

e/i → a → o: helfen, half, geholfen / sprechen, sprach, gesprochen / empfehlen, empfahl, empfohlen / beginnen, begann, begonnen / sterben, starb, gestorben

i → o → o: fliegen, flog, geflogen / biegen, bog, gebogen / fließen, floss, geflossen / frieren, fror, gefroren / verlieren, verlor, verloren / ziehen, zog, gezogen

Ü4 2. Nach einer Tasse Tee fahren wir gleich los. –
Nach einer Tasse Tee fuhren wir gleich los.
3. Es ist noch dunkel, aber bald geht die Sonne auf. –
Es war noch dunkel, aber bald ging die Sonne auf.
4. Die Kinder schlafen im Auto noch weiter. –
Die Kinder schliefen im Auto noch weiter.
5. Nach 200 Kilometern halten wir an einer Raststätte und frühstücken. –
Nach 200 Kilometern hielten wir an einer Raststätte und frühstückten.

6. Mein Mann vergisst auf unserem Tisch seinen Geldbeutel. –
Mein Mann vergaß auf unserem Tisch seinen Geldbeutel.

7. Gerade als wir losfahren wollen, fällt es ihm ein. –
Gerade als wir losfahren wollten, fiel es ihm ein.

8. Er läuft zurück, und zum Glück liegt der Geldbeutel noch auf dem Tisch. –
Er lief zurück, und zum Glück lag der Geldbeutel noch auf dem Tisch.

9. Nach einer halben Stunde Fahrt wird unserer Tochter schlecht. –
Nach einer halben Stunde Fahrt wurde unserer Tochter schlecht.

10. Wir beginnen Lieder zu singen, doch es hilft nichts. –
Wir begannen Lieder zu singen, doch es half nichts.

11. Wir müssen halten und gehen ein bisschen an der frischen Luft spazieren. –
Wir mussten halten und gingen ein bisschen an der frischen Luft spazieren.

12. Als wir abends um sieben Uhr endlich in unserem Hotel ankommen, sind wir sehr müde. –
Als wir abends um sieben Uhr endlich in unserem Hotel ankamen, waren wir sehr müde.

Ü5
2. Am Abend sind wir in unserem Ferienort angekommen, aber wir haben das Hotel nicht gefunden. –
Am Abend kamen wir in unserem Ferienort an, aber wir fanden das Hotel nicht.

3. Niemand hat den Namen des Hotels gekannt. –
Niemand kannte den Namen des Hotels.

4. Schließlich haben wir uns an einen Polizisten gewandt und nach einem guten Hotel gefragt. –
Schließlich wandten wir uns an einen Polizisten und fragten nach einem guten Hotel.

5. Er hat uns eine kleine Pension im nächsten Ort empfohlen. –
Er empfahl uns eine kleine Pension im nächsten Ort.

6. Dort hat uns ein alter Mann empfangen, der kein Wort gesprochen und uns nur die Zimmer gezeigt hat. –
Dort empfing uns ein alter Mann, der kein Wort sprach und uns nur die Zimmer zeigte.

7. Die haben aber wunderschön ausgesehen, und so sind wir die ganzen zwei Wochen in dieser Pension geblieben. –
Die sahen aber wunderschön aus, und so blieben wir die ganzen zwei Wochen in dieser Pension.

8. Eines Abends hat uns der alte Mann zu einem tollen Essen eingeladen. –
Eines Abends lud uns der alte Mann zu einem tollen Essen ein.

9. Er hat freundlich gelächelt, aber er hat den ganzen Abend geschwiegen. –
Er lächelte freundlich, aber er schwieg den ganzen Abend.

10. Wir haben sehr lecker gegessen und guten Wein getrunken. –
Wir aßen sehr lecker und tranken guten Wein.

11. Schließlich hat er seine Gitarre genommen und ein wunderschönes altes Volkslied gesungen. –
Schließlich nahm er seine Gitarre und sang ein wunderschönes altes Volkslied.

12. Das ist ein ganz besonderer Abend gewesen und wir haben gar nicht gewusst, wie wir ihm danken sollten. –
Das war ein ganz besonderer Abend und wir wussten gar nicht, wie wir ihm danken sollten.

13. Auf jeden Fall werden wir ihn und seine Pension nie vergessen! –
Auf jeden Fall werden wir ihn und seine Pension nie vergessen!

A.2. *Er kam nicht, dabei hatte ich mich so auf ihn gefreut!*

Ü6
(1) habe, muss, kann (2) stand   (3) begann
(4) zurückgebracht hatte, ging
(5) war zurückgekommen, erledigte
(6) hatte telefoniert, konnte
(7) beendet waren, rannte
(8) geschafft hatte, holte ab, hatte gekauft
(9) angekommen waren, musste, hatten
(10) räumte auf, geholt hatte
(11) konnte, hatte durchgestrichen

Präsens:
habe, muss, kann

Präteritum:
begann, ging, erledigte, konnte, rannte, holte ab, musste, hatten, räumte auf, konnte

Plusquamperfekt:
war zurückgekommen, hatte telefoniert,
beendet waren, geschafft hatten, hatte gekauft,
angekommen waren, geholt hatte,
hatte durchgestrichen

Das Plusquamperfekt wird gebildet mit
haben/sein im Präteritum und Partizip Perfekt.

Ü7 2. musste, hatte besorgt
3. brauchte, hatte durchgelesen
4. war geworden, musste
5. ankam, war weggefahren
6. ging, wollte, hatte gelassen
7. war, ging, geplant hatte
8. lernte, ausgeruht hatte
9. ging, radelte, hatte beantwortet, kam
10. gestopft hatten, probierten, unterhielten
11. war, hatten, hatte geschrieben

Ü8 2. Nachdem er einen Sitzplatz gefunden hatte,
schlief er ein.
3. Nachdem er aufgewacht war, sah er einen
Kontrolleur.
4. Nachdem er seine Fahrkarte gesucht hatte,
wurde er rot.
5. Nachdem er keine Fahrkarte gefunden
hatte, überlegte er sich eine Ausrede.
6. Nachdem er mit dem Kontrolleur diskutiert
hatte, stieg er aus.
7. Nachdem er seinen Personalausweis
gezeigt hatte, zahlte er eine Strafe.
8. Nachdem er auf den nächsten Bus gewartet
hatte, stieg er wieder ein.

Ü9 2. Thomas schenkte ihr zum Geburtstag nur
einen Gutschein. –
Er hatte nichts anderes gefunden.
3. Susanne ließ mich eine Stunde warten. –
Sie hatte sich in der Stadt verlaufen.
4. Sie kam sehr spät nach Hause. –
Sie hatte noch einen wichtigen Termin
gehabt.
5. Die Kinder gingen bei Rot über die Ampel. –
Sie hatten nicht richtig aufgepasst.
6. Ich musste gestern den ganzen Tag im Bett
bleiben. –
Ich hatte mich erkältet.
7. Anna war gestern nicht im Deutschkurs. –
Sie hatte einen Tag Pause gebraucht.

A.3. *Ich werde nie wieder eine andere Frau ansehen.*

Ü10 Das Futur I verwendet man,
wenn man über etwas in der Zukunft spricht,
wenn man eine Absicht ausdrücken will,
wenn man eine Vermutung äußern will.

1. Zukunft 2. Vermutung 3. Zukunft
4. Absicht 5. Vermutung 6. Zukunft
6. Absicht 7. Zukunft 8. Absicht
9. Vermutung 10. Vermutung

Ü11 2. Ich werde ein Studium beginnen.
3. Ich werde einen interessanten Job finden.
4. ... lerne ich einen gutaussehenden Mann
kennen und heirate ihn
5. ... habe ich drei Kinder und einen Hund.
6. Ich werde in meinem eigenen Haus mit
Garten wohnen.
7. ... organisiere ich Gartenpartys für meine
Freunde.
8. ... gehe ich in Rente.
9. Ich werde Großmutter sein und viele Enkel
haben.
10. ... blicke ich glücklich zurück, weil mein
Leben so perfekt war.

Ü12 2. ... werde ich regelmäßig Sport treiben.
3. ... werde ich weniger Süßigkeiten essen.
4. ... werde ich mich nicht immer gleich über
alles aufregen.
5. ... werde ich ein neues Hobby anfangen.
6. ... werde ich wieder mehr ins Theater
gehen.
7. ... werde ich mehr für andere Menschen
tun.
8. ... werde ich mich für die Umwelt einsetzen.
9. ... werde ich nie wieder etwas Schlechtes
über andere sagen.
10. ... werde ich die Welt retten.

Ü13 2. Heutzutage ist das Durchschnittsalter
75 Jahre. –
In fünfzig Jahren werden wir vermutlich alle
im Durchschnitt 100 werden.
3. Viele ernähren sich besonders natürlich. –
In fünfzig Jahren werden wir vermutlich nur
noch künstliche Produkte essen.
4 Heute haben wir in Deutschland
Kontinentalklima. –
In fünfzig Jahren werden wir vermutlich in
Deutschland tropisches Klima haben.
5. Jetzt fliegen nur Astronauten ins All. –
In fünfzig Jahren werden wir vermutlich alle
im All Urlaub machen.
6. Heutzutage können wir uns beim
Telefonieren schon sehen. – In fünfzig
Jahren werden wir uns vermutlich auch
riechen können.
7. Heute sprechen die Menschen ganz
unterschiedliche Sprachen. –
In fünfzig Jahren werden wir vermutlich
eine gemeinsame Sprache haben.

8. Zurzeit können wir nur in Gedanken in die Vergangenheit zurückkehren. – In fünfzig Jahren werden wir vermutlich in andere Zeitzonen reisen können.
9. Heute können wir höchstens die Gedanken von anderen erraten. – In fünfzig Jahren werden wir vermutlich die Gedanken der Menschen lesen können.
10. Aktuell kann man noch immer nicht alle Krankheiten heilen. – In fünfzig Jahren werden wir vermutlich viele Krankheiten nicht mehr kennen.

B.1.a *Wenn ich du wäre,*
… würde ich jetzt nach Hause gehen! /
… ginge ich jetzt nach Hause!

Ü14 (2) – (3) hätte, könnte (4) würde … packen, wäre (5) könnte, hätte (6) müssten, würden … bleiben (7) wäre (8) –

4. Der Konjunktiv II von *ich bin* ist *ich wäre*.
6. … *ich habe* ist *ich hätte*.
7. … *ich bleibe* ist *ich würde bleiben*.
9. … *ich kann* ist *ich könnte*.

Ü15 2. Wenn in meinem Haus kein/nicht so großes Chaos wäre, müsste ich jetzt nicht aufräumen.
3. Wenn ich gut Klavier spielen könnte, würde ich heute Abend auf deiner Party spielen.
4. Wenn wir einen großen Garten hätten, könnten wir immer frisches Gemüse essen.
5. Wenn meine Eltern reich wären, müssten sie nicht so viel arbeiten.
6. Wenn Emma glücklich wäre, würde sie zufriedener aussehen.
7. Wenn wir ein Auto hätten, müssten wir nicht immer mit dem Fahrrad fahren.
8. Wenn ich Zeit hätte, würde ich gern verschiedene Fremdsprachen lernen.

Ü16 2. Sie würden sich bestimmt besser fühlen, wenn Sie öfter ins Fitnessstudio gingen.
3. Auch wäre es hilfreich, wenn Sie regelmäßig Vitamintabletten einnähmen.
4. Es täte Ihrer Gesundheit sehr gut, wenn Sie endlich das Rauchen aufgäben.
5. Auch wäre es gut, wenn Sie ein paar Tage im Bett blieben und nicht ins Büro gingen.
6. Nächste Woche wüsste ich gern, wie es Ihnen geht – bitte rufen Sie mich an!
7. Ich fände es sehr sinnvoll, wenn Sie sich gesünder ernähren würden! Versuchen Sie das doch einmal!

Ü17 2. Ich gehe jetzt endlich schlafen. – An deiner Stelle würde ich jetzt auch endlich schlafen gehen.
3. Ich bin schrecklich hungrig! – An deiner Stelle wäre ich auch schrecklich hungrig.
4. Ich habe keine Lust auf diese Party! – An deiner Stelle hätte ich auch keine Lust auf diese Party.
5. Ich kann nicht länger warten! – An deiner Stelle könnte ich auch nicht länger warten.
6. Ich will nicht zum Zahnarzt gehen! – An deiner Stelle wollte ich auch nicht zum Zahnarzt gehen …
7. Ich habe keine Angst vor der Prüfung! – An deiner Stelle hätte ich auch keine Angst vor der Prüfung.
8. Ich mache nichts mehr für meine Kollegin! – An deiner Stelle würde ich auch nichts mehr für deine Kollegin machen.
9. Ich gebe die Schuhe zurück. Sie sind neu, aber schon kaputt! – An deiner Stelle würde ich auch die Schuhe zurückgeben!
10. Ich kaufe nie wieder in diesem Geschäft ein. – An deiner Stelle würde ich auch nie wieder in diesem Geschäft einkaufen.

B.1.b *Ich hätte das sehr gern gemacht, aber ich hatte leider keine Zeit!*

richtig: 2., 4.

Ü18 2. g 3. j 4. c 5. a 6. h
7. d 8. f 9. i 10. b

Ü19 (2) hätte (3) hätten (4) hätten (5) haben (6) hätte (7) habe (8) wäre (9) wären (10) hätte (11) würde (12) ist

Ü20 2. Wenn ich doch/bloß/nur mein Handy nicht zu Hause vergessen hätte! / Hätte ich doch/bloß/nur mein Handy nicht zu Hause vergessen!
3. Wenn ich ihr doch/bloß/nur nicht meine Meinung gesagt hätte! / Hätte ich ihr doch/bloß/nur nicht meine Meinung gesagt!
4. Wenn er doch/bloß/nur gelernt hätte! Hätte er doch/bloß/nur gelernt!
5. Wenn er doch/bloß/nur heute Morgen getankt hätte! / Hätte er doch/bloß/nur heute Morgen getankt!

6. Wenn ich doch/bloß/nur meine alte Jacke nicht weggeworfen hätte! / Hätte ich doch/bloß/nur meine alte Jacke nicht weggeworfen!

7. Wenn ich doch/bloß/nur gestern nicht so spät ins Bett gegangen wäre! / Wäre ich doch/bloß/nur gestern nicht so spät ins Bett gegangen!

Ü21 2. Der Brief ist ja immer noch nicht fertig! – Ich hätte ihn gestern gern geschrieben, aber ich hatte keine Zeit!

3. Die Arbeit war doch viel zu schwer für deinen Sohn! – Ich hätte ihm ja gern geholfen, aber ich hatte keine Zeit!

4. Warum seid ihr denn gestern so früh nach Hause gegangen? – Wir wären gern noch geblieben, aber wir hatten keine Zeit!

5. Warum hast du mir das alles nicht erzählt? – Ich hätte dir das alles schon noch erzählt, aber ich hatte keine Zeit!

6. Ich habe so großen Hunger! – Ich hätte gern schon gekocht, aber ich hatte keine Zeit!

7. Du wolltest doch eigentlich auf dieses Musik-Festival gehen? – Ich wäre gern gegangen, aber ich hatte keine Zeit!

8. Du kannst die Konjunktiv-Sätze aber noch nicht besonders gut! – Ich hätte gern mehr geübt, aber ich hatte keine Zeit!

9. Ihr Vortrag war wirklich interessant! – Ich hätte mich gern noch besser vorbereitet, aber ich hatte keine Zeit!

10. Wann können wir endlich mal über das neue Buch von der ukrainischen Schriftstellerin reden? – Ich hätte es gerne schon gelesen, aber ich hatte keine Zeit!

B.2.a *Dein Auto muss auch mal wieder gewaschen werden!*

Ü22 (2) geschlossen werden können
(3) sollen gelegt werden
(4) müssen geführt werden   (5) wird gezogen
(6) soll berührt werden   (7) wird gelegt
(8) kann wiederholt werden
(9) kann gemacht werden

Das Modalverb steht im Hauptsatz an Position II.
Das Modalverb steht im Nebensatz am Satzende.
werden steht immer im Infinitiv.

Ü23 2. Und niemand darf vergessen werden.
3. Dann muss für Trinken und Essen gesorgt werden.
4. Es ist klar, dass die Ausgaben geteilt werden müssen.
5. Die Einkäufe sollen zusammen erledigt werden.
6. Das Schlimmste ist, dass alles nach Hause geschleppt werden muss.
7. Dann muss der Raum geschmückt werden.
8. Ich denke, ein richtiger DJ sollte auch noch organisiert werden.
9. Die Musik muss für diesen Abend gut ausgewählt werden.
10. Schließlich weiß ja jeder, dass bei einer richtigen Party unbedingt getanzt werden muss.

Ü24 2. Ich muss das Geschirr abwaschen. – Das Geschirr muss abgewaschen werden.
3. Ich muss die Hemden bügeln. – Die Hemden müssen gebügelt werden.
4. Ich muss die Wäsche aufhängen. – Die Wäsche muss aufgehängt werden.
5. Ich muss das Bad wischen. – Das Bad muss gewischt werden.
6. Ich muss das Mittagessen vorbereiten. – Das Mittagessen muss vorbereitet werden.
7. Ich muss aufräumen. – Es muss aufgeräumt werden.
8. Ich muss das Wohnzimmer saugen. – Das Wohnzimmer muss gesaugt werden.
9. Ich muss Staub wischen. – Es muss Staub gewischt werden.
10. Ich muss den Kühlschrank sauber machen. – Der Kühlschrank muss sauber gemacht werden.

B.2.b *Das Paket wurde schon abgeholt.*

Ü25 2. schreibe, wurde geschrieben
3. sortiere, wurden sortiert
4. mache, wurde gemacht
5. trage, wurden getragen
6. gebe Bescheid, wurde Bescheid gegeben
7. scanne, wurden gescannt
8. bespreche, wurde besprochen
9. erstelle, wurde erstellt
10. kündigen, wurde gekündigt.

Ü26 2. Nachdem die Einkaufsliste geschrieben worden war, ließ er sie zu Hause liegen.
3. Nachdem die Kinder zu Bett gebracht worden waren, schlief er sofort auf dem Sofa ein.

4. Nachdem der Kuchen gebacken worden war, räumte er zwei Stunden die Küche auf.
5. Nachdem die E-Mail geschrieben worden war, vergaß er sie wegzuschicken.
6. Nachdem der Urlaub gebucht worden war, hatte seine Freundin keine Lust mehr auf Mallorca.
7. Nachdem er im Fitnessstudio eingeschrieben worden war, ging er nur ein einziges Mal hin.
8. Nachdem sein Vertrag verlängert worden war, ging er feiern.

Ü27 🎧 8
2. So ein tolles neues Rathaus! Wissen Sie, wann das Rathaus erneuert worden ist?
3. Das ist wirklich ein riesiges Schloss! Wissen Sie, wann das Schloss erweitert worden ist?
4. So ein modernes Museum! Wissen Sie, wann das Museum modernisiert worden ist?
5. Schade, dass man von der Kapelle nur noch Reste sieht! Wissen Sie, wann die Kapelle zerstört worden ist?
6. Die Kuppel ist in einem ganz anderen Stil! Wissen Sie, wann die Kuppel hinzugefügt worden ist?
7. Die Fassaden sehen ganz neu aus! Wissen Sie, wann die Fassaden renoviert worden sind?
8. Der Park hat ganz frische Blumen! Wissen Sie, wann der Park neu bepflanzt worden ist?
9. Der Kirchturm ist aber nicht aus der Renaissance! Wissen Sie, wann der Kirchturm errichtet worden ist?
10. Die U-Bahn ist aber modern! Wissen Sie, wann die U-Bahn gebaut worden ist?

C.1. *Sag mir doch: Woran denkst du?*

Ü28
2. j   3. i   4. b   5. a   6. k   7. e
8. c   9. g   10. d   11. h

Ü29
(2) auf   (3) bei   (4) über   (5) über   (6) bei
(7) auf   (8) auf   (9) für   (10) von   (11) an
(12) vor   (13) an   (14) auf   (15) bei   (16) um

Ü30 🎧 9
2. Das hängt eigentlich nur vom Wetter ab. – Wie bitte? Wovon hängt das ab?
3. Sie ist seit Wochen nur noch mit ihrer Doktorarbeit beschäftigt. – Wie bitte? Womit ist sie beschäftigt?
4. Ich finde, John kümmert sich sehr lieb um seine Großmutter. – Wie bitte? Um wen kümmert er sich?
5. Ich muss mich morgen bei der Polizei melden, weil ich bei der Verkehrskontrolle heute keinen Führerschein dabei hatte! – Wie bitte? Bei wem musst du dich melden?

6. Du sollst mal schnell kommen und dich von Tante Dorothee verabschieden! – Wie bitte? Von wem soll ich mich verabschieden?
7. Ich warte dringend auf die Verlängerung von meinem Visum. – Wie bitte? Worauf wartest du?
8. Ich suche schon lange nach einer guten Autowerkstatt. Weißt du eine? – Wie bitte? Wonach suchst du?
9. Gerade habe ich Ella zu ihrem bestandenen Abitur gratuliert! – Wie bitte? Wozu hast du ihr gratuliert?
10. Ich kann mich wirklich nicht an mein neues Auto gewöhnen. – Wie bitte? Woran kannst du dich nicht gewöhnen?
11. Stell dir vor, Inge ernährt sich seit Wochen nur von Wasser und Salat! – Wie bitte? Wovon ernährt sie sich?
12. Von Wasser und Salat! Und sie hofft auf eine Traumfigur ... – Wie bitte? Worauf hofft sie?

Ü31 🎧 10
2. Hast du dich von Martin verabschiedet? – Nein, von ihm habe ich mich nicht verabschiedet.
3. Hast du dich über den Besuch von deiner Schwiegermutter gefreut? – Nein, darüber habe ich mich nicht gefreut.
4. Hast du dich schon mit deiner neuen Geigenlehrerin getroffen? – Nein, ich habe mich noch nicht mit ihr getroffen.
5. Morgen Abend ist die große Einladung – hast du schon für Getränke gesorgt? – Nein, dafür habe ich noch nicht gesorgt.
6. Hast du dich denn schon um das kalte Buffet gekümmert? – Nein, darum habe ich mich noch nicht gekümmert.
7. Hast du dich schon bei deinem Lehrer zurückgemeldet? – Nein, ich habe mich noch nicht bei ihm zurückgemeldet.
8. Hast du dich schon mit dem neuen Projekt beschäftigt? – Nein, damit habe ich mich noch nicht beschäftigt.
9. Hast du dich schon einmal mit unserer neuen Kollegin verabredet? – Nein, ich habe mich noch nicht mit ihr verabredet.
10. Hast du Moritz bei der Fahrradreparatur geholfen? – Nein, dabei habe ich ihm nicht geholfen.

(2) darüber   (3) an   (4) womit   (5) damit
(6) darüber   (7) bei   (8) für   (9) darüber
(10) in   (11) daran   (12) an   (13) um   (14) auf
(15) um   (16) von   (17) an   (18) darauf
(19) davor   (20) danach   (21) von   (22) über
(23) damit   (24) darauf   (25) nach

C.2. *Nein, ich habe keine Ahnung.*

Ü33   1. spielt eine Rolle
2. Freunde finden, Entscheidungen treffen, Erfahrungen sammeln
3. keine Ahnung haben, einen Gefallen tun
4. einen Sprachkurs besuchte, Bekannte getroffen
5. eine Frage stellen, einen Rat geben
6. keine Antwort geben, ein Gespräch führen, einen Eindruck gemacht
7. eine Lösung finden, macht einen Vorschlag
8. habe Hoffnung, Sanaa besuchen
9. stellst Forderungen
10. einen Kampf geführt.

Nomen	*Verb*
ein Gespräch / einen Kampf	führen
Erfahrungen	sammeln
eine Lösung	finden
eine Frage / Forderungen	stellen
einen Eindruck / einen Vorschlag	machen
keine Ahnung / Hoffnung	haben
einen Gefallen	tun
Entscheidungen	treffen
eine Rolle	spielen
einen Sprachkurs	besuchen
keine Antwort / einen Rat	geben

Ü34   2. c   3. b   4. a   5. h   6. e
7. g   8. f   9. j   10. i

Ü35   2. Hat der Chef dir schon geantwortet? –
Ja, er hat mir schon eine Antwort gegeben.
3. Hast du ihm etwas vorgeschlagen? –
Nein, ich habe ihm keinen Vorschlag gemacht.
4. Hat er mit ihr gesprochen? –
Ja, sie haben ein Gespräch geführt.
5. Hat der Arzt dir etwas geraten? –
Ja, er hat mir einen Rat gegeben.
6. Hat der Film die Leute beeindruckt? –
Ja, er hat Eindruck gemacht.
7. Hat er noch immer auf den neuen Job gehofft? –
Nein, er hat keine Hoffnung mehr gehabt.
8. Hast du ihn etwas gefragt? –
Ja, ich habe ihm eine Frage gestellt.

9. Hat er viel gefordert? –
Nein, er hat keine Forderungen gestellt.
10. Hast du lange gekämpft? –
Nein, ich habe keinen langen Kampf geführt.

C.3. *Ich liebe es, in der Hängematte zu liegen.*

Ü36   (2) es egal   (3) es nicht eilig, es ist jetzt
(4) es gibt   (5) es tut mir, es gefällt mir, was soll's
(6) ist es ja   (7) ich liebe es
(8) es an der Haustür   (9) es wirklich gut

Ü37   2. es   3. -   4. Es   5. -   6. -
7. Es   8. es   9. -   10. Es

Ü38   2. Es ist wunderbar, dass er heute kocht. Findest du nicht auch? –
Ja, dass er heute kocht, ist wunderbar.
3. Es ist ganz normal, dass er jemanden mitgebracht hat. Findest du nicht auch? –
Ja, dass er jemanden mitgebracht hat, ist ganz normal.
4. Es passt uns ganz ausgezeichnet, dass er schon einen Tag früher gekommen ist. Findest du nicht auch? –
Ja, dass er schon einen Tag früher gekommen ist, passt uns ganz ausgezeichnet.
5. Es ist selbstverständlich, dass wir ihn später nach Hause begleiten. Findest du nicht auch? –
Ja, dass wir ihn später nach Hause begleiten, ist selbstverständlich.
6. Es ist ganz prima, dass er sich erstmal Urlaub genommen hat. Findest du nicht auch? –
Ja, dass er sich erstmal Urlaub genommen hat, finde ich ganz prima.
7. Es ist erstaunlich, dass er so schnell einen Job gefunden hat. Findest du nicht auch? –
Ja, dass er so schnell einen Job gefunden hat, ist erstaunlich.
8. Es ist komisch, dass er so wenig über sich erzählt. Findest du nicht auch? –
Ja, dass er so wenig über sich erzählt, ist komisch.
9. Es ist schade, dass er nicht so oft nach Hause kommt. Findest du nicht auch? –
Ja, dass er nicht so oft nach Hause kommt, finde ich schade.
10. Es ist schön, dass wir ihn haben. Findest du nicht auch? –
Ja, dass wir ihn haben, ist schön.

C.4. *Tut mir leid! Aber der Mann da kann Ihnen helfen!*

Ü39 1. *A*: seinen Schreibtisch, seine Gespräche, irgendwelche Joghurts, *D*: mir, mir
2. *A*: mich, *D*: mir, mir
3. *D*: den Kunden, unserem Geschäft
4. *D*: Meiner Chefin, ihr   5. *A*: das neue Restaurant, *D*: uns, uns, ihm   6. *A*: mich, *D*: mir
7. *A*: allen möglichen Unsinn, *D*: mir, seinen Freunden   8. *D*: Mir

A: aufräumen, hören, schimpfen, ausprobieren, verletzen, machen
D: schmecken, zuhören, erzählen, antworten, passieren, einfallen, gefallen, vertrauen, wehtun, gehorchen, folgen, reichen
D + A: mitbringen

Ü40 1. ihn, mir, mir, den, mir
2. einen, eine, ihnen, ihn, einen
3. ein, ein, sie, dir
4. mir, meiner, dir, mir, euren, mir

Teil 2: Nomen

D.1. *Das ist das Haus meiner Mutter / von meiner Mutter in Cannes!*

Ü1 2. Das kann doch nicht die Arbeit von einem Handwerker sein! – Doch! Das ist die Arbeit eines Handwerkers!
3. Das kann doch nicht die ganze Rede von unserer Präsidentin gewesen sein! – Doch! Das war die ganze Rede unserer Präsidentin!
4. Das kann doch nicht schon das Ende von diesem Konzert gewesen sein! – Doch! Das war das Ende dieses Konzerts!
5. Das kann doch nicht das Ergebnis von all den langen Gesprächen sein! – Doch! Das ist das Ergebnis all der langen Gespräche!
6. Das kann doch unmöglich ein Buch von diesem guten Schriftsteller sein! – Doch! Das ist ein Buch dieses guten Schriftstellers!
7 Das kann kein Geschenk von meinen Kollegen sein! – Doch! Das ist ein Geschenk deiner Kollegen!
8. Das kann keine Folge vom Klimawandel sein. – Doch! Das ist eine Folge des Klimawandels!
9. Das kann nicht das Ergebnis von den letzten Wahlen sein. – Doch! Das ist das Ergebnis der letzten Wahlen!
10. Das kann nicht die Endnote von deinem Examen sein! – Doch! Das ist die Endnote meines Examens!

Ü2 1. der Geschichte
2. eines Restaurants, der Küche, des Services
3. des Motors, des Innenraums, eines Autos
4. der Gewürze, eines Essens
5. eines Kleides, einer Frau

6. eines Schiffes, des Schiffskörpers, des Windes
7. eines Films, der Schauspieler, des Regisseurs
8. des Deutschunterrichts, des Lehrers, des Lehrbuchs

Ü3 2. der Blumen   3. der Kräuter   4. des Gemüses
5. der Arbeit   6. des Jahres
7. seiner Gartenbücher   8. eines Baumes
9. der Schnecken   10. eines Beetes
11. seiner Salatköpfe   12. eines Schneckengifts
13. der Gartentiere   14. eines Freundes

D.2.a *Jetzt können wir wegen des Wetters heute Abend keine Gartenparty machen!*

Ü4 2. f   3. a   4. i   5. d   6. h   7. e   8. j   9. g   10. c

Ü5 1. trotz unseres Examens   2. wegen meiner neuen Stelle, wegen deiner Probezeit
3. wegen meines Hustens, trotz deiner Medizin
4. trotz des bewölkten Himmels, trotz der Sonnencreme   5. wegen meines Hundes
6. trotz des hohen Preises, wegen des Namens
7. trotz des Geburtstages, wegen ihres Geburtstages

Ü6 2. trotz des starken Windes   3. wegen der Verspätung des Busses   4. trotz seiner heftigen Kopfschmerzen   5. wegen der Erkältung der Pianistin   6. wegen meiner kalten Füße   7. trotz ihrer schlechten Präsentation
8. trotz ihrer intensiven Suche

Ü7 2. Hanna will nicht mit dem Fahrrad fahren, obwohl so schönes Wetter ist! – Was? Trotz des schönen Wetters?

3. Catrin will unbedingt die Wanderung machen, obwohl es so stark regnet. – Was? Trotz des starken Regens?
4. Ursula will nicht an die See fahren, weil sie den Wind nicht mag. – Was? Wegen des Windes?
5. Meine Frau will sich von mir scheiden lassen, weil ich immer so alte Trainigshosen anziehe. – Was? Nur wegen der alten Trainingshosen?
6. Jetzt habe ich erst noch die Küche aufgeräumt, obwohl ich schon so Hunger habe! – Was? Trotz deines Hungers?
7. Meine Freundin ist böse auf mich, weil ich alle Gummibärchen aufgegessen habe. – Was? Nur wegen der Gummibärchen?
8. Ich gehe im Winter nicht mehr aus dem Haus, weil ich die Kälte nicht mag. – Was? Nur wegen der Kälte?
9. Wir streiten uns jeden Tag, wer von uns beiden mit dem Auto in die Arbeit fahren darf. – Was? Nur wegen des Autos?
10. Luise hat die Mathematikaufgabe immer noch nicht verstanden, obwohl der Lehrer so gute Erklärungen gefunden hat. – Was? Trotz seiner Erklärungen?

D.2.b *Innerhalb der Stadt sind die Wohnungen furchtbar teuer!*

Ü8 Aber auch <u>außerhalb der Stadtmauern</u> gibt es mehrere lohnende Ausflugsziele. Wenn Sie <u>an dem kleinen Fluss entlang</u> wandern, kommen sie zu einer alten Schlossruine. <u>Um dieses Schloss herum</u> liegt ein großer Park mit eindrucksvollen uralten Bäumen.

richtig: 2, 5, 6
falsch: 1, 3, 4

Ü9 2. außerhalb der Stadt 3. an der neuen Autobahn entlang 4. Innerhalb Münchens 5. Um den Dorfplatz herum 6. um das brennende Auto herum 7. Außerhalb Bayerns 8. Innerhalb des Hauses 9. am Fluss entlang 10. an der Mauer entlanglaufen

Ü10 2. Innerhalb der Ferienzeiten 3. innerhalb der nächsten Woche 4. Um Weihnachten herum 5. um die Feiertage herum 6. Außerhalb der Sprechzeiten 7. innerhalb der Regelstudienzeit 8. um die 50 herum 9. außerhalb der Hauptverkehrszeit 10. innerhalb des nächsten Jahres

D.2.c *Könntest du während des Essens dein Handy vielleicht einmal zur Seite legen?*

Ü11 Der Gastgeber bietet dann <u>vor dem Essen</u> einen Aperitif an, manchmal mit Nüssen oder salzigem Gebäck. Wenn sich alle an den Tisch gesetzt haben, beginnt in der Regel niemand <u>vor der Gastgeberin</u> mit dem Essen. Man sollte sein Handy leise stellen und in die Tasche stecken, damit es nicht <u>während des Essens</u> klingelt. <u>Beim Essen</u> werden Tischgespräche geführt, doch sollte man nicht <u>beim Kauen</u> sprechen. Raucher dürfen <u>nach dem Essen</u> rauchen, allerdings meist nur auf dem Balkon oder der Terrasse. <u>Nach der Einladung</u>, <u>bei der Verabschiedung</u>, bedanken sich die Gäste für den schönen Abend.

richtig: 2, 3 *falsch*: 1, 4

Ü12 2. während des Wahlkampfes 3. Bei/Während einer Filmpreis-Verleihung 4. Nach einem erfolgreichen Konzert 5. Während des Zweiten Weltkriegs, Nach dem Krieg 6. Vor einem Fernsehauftritt 7. Bei/Während einer Demonstration 8. Während eines Fußballspiels im Stadion / Bei einem Fußballspiel im Stadion

D.2.d *Ja, wirklich alle – außer meinem Vater, der lag leider mit Grippe im Bett.*

Ü13 2. außer Paulo 3. Ohne dich 4. außer den Getränken 5. außer dir 6. ohne deine Hilfe 7. außer einer Tasse Tee 8. Ohne eine Erlaubnis 9. ohne dich 10. außer dem Summen

E.1. *Geben Sie mir bitte noch einen Kebab. Mit viel scharfer Soße.*

Ü14 (3) viele rote (4) gelben (5) andere saisonale (6) frischem (7) gute (8) schwarze (9) mehr regionales (10) wenigen kleinen (11) leckeren (12) frischer (13) viel süßer (14) idealer (15) wenig restliche

zum Beispiel: manche, einige, viele, wenige, andere, viel, mehr, wenig.

	m	f	n	Plural
Nominativ	-er	-e	-es	-e
Akkusativ	-en	-e	-es	-e
Dativ	-em	-er	-em	-en
Genitiv	-en	-er	-en	-er

Hier sind es dieselben Formen wie beim definiten Artikel, außer:
Genitiv maskulin/neutral: + n

Ü15 1) vorschulischen, neugieriges, motiviertes,
        qualifizierte, jeder
     2) freundliche, echtem, strapazierfähiger,
        jedem, verwöhntem, lange, gegenseitigen
     3) hellen, verfügbarem, früher
     4) benutzten, neuen, gebrauchtes

Ü16 1. ein glitzerndes Meer, einen blauen See,
        lieben Menschen, ein leckeres Picknick,
        lustige Geschichten, ein ganz normaler
        unbeschwerter Abend
     2. einer großen Palme, einem rauschenden
        Meer, ein erfrischender Hugo, einer
        wärmenden Morgensonne
     3. einen rosa Bikini, ein riesiges Eis, eine große
        Schüssel, ein lustiges Spiel
     4. einem guten Freund, einem freien Platz,
        einem nicht so heißen Tag

Ü17 (2) digitalisierte (3) hoffnungslose
     (4) selbstbewusst (5) ausgebildet (6) aktuelle
     (7) passenden (8) verschiedenen (9) kreativen
     (10) rebellisch (11) stabilen (12) bequemen
     (13) desorientierten (14) vielfältigen
     (15) einfach (16) geraden (17) große
     (18) vielen

Ü18 2. Haben Sie ein neues Jackett? –
        Mit dem neuen Jackett wirken Sie viel
        seriöser.
     3. Haben Sie eine andere Frisur? –
        Mit der anderen Frisur sehen Sie viel jünger
        aus.
     4. Haben Sie eine neue Hose? –
        Mit der neuen Hose wirken Sie viel schlanker.
     5. Haben Sie neue Ohrringe? –
        Mit den neuen Ohrringen gefallen Sie mir
        viel besser.
     6. Tragen Sie jetzt andere Farben? –
        Mit den anderen Farben sehen Sie frischer
        aus.
     7. Haben Sie einen neuen Freund? –
        Mit dem neuen Freund wirken Sie ganz
        verändert.
     8. Haben Sie einen neuen Lippenstift? –
        Mit dem neuen Lippenstift sehen Sie super
        aus!
     9. Haben Sie neue Schuhe? –
        Mit den neuen Schuhen gefallen Sie mir
        wirklich gut.
     10. Haben Sie neue Fingernägel? –
        Mit den neuen Fingernägeln sehen Sie sehr
        elegant aus.
     11. Sie tragen ja ein schickes Kostüm! –
        Mit dem schicken Kostüm wirken Sie gleich
        jugendlicher.

E.2. *Du bist mein allerliebster Schatz.*

Ü19 größte spektakulärsten größeren
     aufregendsten beeindruckendste
     romantischsten

     der/die/das (ein/eine) + Adjektiv + er +
     Adjektivendung

     der/die/das (ein/eine) + Adjektiv + st +
     Adjektivendung

Ü20 2. besseres 3. frischeren 4. exklusivere
     5. bekannteres 6. wärmeres 7. helleres
     8. stärkere 9. berühmtere 10. höheren
     11. coolere

Ü21 2. längsten 3. meisten 4. schwerste
     5. höchste 6. älteste 7. reichste
     8. teuerste 9. schwierigste 10. kleinste

Ü22 2. Du bist wirklich eine schöne Frau –
        Du bist die schönste Frau, die ich kenne!
     3. Du bist wirklich eine dumme Nuss. –
        Du bist die dümmste Nuss, die ich kenne!
     4. Du bist wirklich eine lahme Ente. –
        Du bist die lahmste Ente, die ich kenne!
     5. Du bist wirklich ein schlaues Mädchen. –
        Du bist das schlauste Mädchen, das ich
        kenne.
     6. Du bist wirklich ein toller Mann. –
        Du bist der tollste Mann, den ich kenne!
     7. Du bist wirklich ein großer Langweiler. –
        Du bist der größte Langweiler, den ich kenne!
     8. Du bist wirklich ein braves Kind. –
        Du bist das bravste Kind, das ich kenne!
     9. Du bist wirklich ein guter Vater. –
        Du bist der beste Vater, den ich kenne!
     10. Du bist wirklich eine liebe Freundin. –
        Du bist die liebste Freundin, die ich kenne!

F.   *Ich habe den neuen Nachbarn noch nie
     gesehen. Du?*

Ü23 1. Präsidenten Psychologen
     2. Nachbarn Kindern Jungen Mädchen
        Hasen Journalisten Menschen
     3. Polizisten Demonstranten Diplomaten
     4. Fotografen Griechen Kindern

	Nomen der *n*-Deklination
Personen (maskulin mit Endung *-e*) der Neffe der Junge	meines Neffen einem Jungen

Nationalitäten (maskulin mit Endung *-e*) der Grieche	einen Griechen
Tiere (maskulin mit Endung *-e*) der Hase	einem Hasen
maskuline Nomen mit Endung *-and/-ant, -ent, -ist, -oge, -at/-et, -af* der Demonstrant der Präsident der Journalist der Psychologe der Diplomat der Fotograf	einen Demonstranten eines Präsidenten eines Journalisten den Psychologen einen Diplomaten eines Fotografen
andere maskuline Nomen (ohne besondere Endung) der Mensch der Nachbar	einem Menschen einen Nachbarn

Ü24 (2) Option (3) Mediziners
(4) Juristen (5) Pädagogen (6) Informatikers
(7) Idealisten (8) Promotion (9) Studenten
(10) Professoren (11) Doktoranden
(12) Betreuer

Ü25 (2) Touristen (3) Kunden (4) Menschen
(5) Thailänder (6) Gott (7) Planeten

(8) Reisenden (9) Herzens (10) Russen
(11) Trauernden (12) Vornamen
(13) Deutschen (14) Vornamen (15) Herr
(16) Präsidenten

G. *Schau mal, da ist auch ein Mädchen. Wollt ihr zusammen spielen?*

Ü26 das Gummibärchen, das Tierlein, die Werbung, die Fröhlichkeit, der Unternehmer, die Farbe, die Variante, der Neuling, die Leidenschaft

Maskulin sind Nomen mit der Endung: *-er* und *-ling*

Neutral sind Nomen mit der Endung: *-chen* und *-lein*

Feminin sind Nomen mit der Endung: *-ung, -schaft, -heit/-keit* und *-e*

Ü27 2. die 3. der 4. das 5. die 6. die
7. der 8. die 9. der; der 10. die

Ü28
der	*die*	*das*
Teller	Frau	Mädchen
Onkel	Schönheit	Dunkelgrün
Vormittag	Mannschaft	Bier
Südosten	Waschmaschine	Tischlein
Porsche	Versicherung	
Wind	Freiheit	
Oktober	Frage	

Teil 3: Satz

H.1.a *Ich lerne Deutsch, seit ich nach Deutschland gekommen bin.*

Ü1 seit bevor Nachdem Bis als während

als benutzt man ...
... wenn Situationen gleichzeitig passieren
... wenn etwas nur einmal in der Vergangenheit passiert ist.
... immer im Nebensatz

seit(dem) benutzt man ...
... wenn man den Beginn einer Zeitdauer nennt.
... wenn der Beginn in der Vergangenheit liegt.
... wenn das Ergebnis bis in die Gegenwart dauert.

bis benutzt man ...
... wenn man den Endpunkt einer Zeitdauer nennt.
... immer im Nebensatz.

während benutzt man ...
... wenn mehrere Situationen gleichzeitig passieren.
... immer im Nebensatz.

bevor benutzt man ...
... wenn mehrere Situationen nacheinander passieren.

nachdem benutzt man ...
... wenn mehrere Situationen nacheinander passieren.
... immer im Nebensatz in der Vergangenheit.

Ü2   2. Er war vier Jahre alt,
       als er in die Schule kam.
    3. Er war fünfzehn Jahre alt,
       als er das Abitur machte.
    4. Er war achtzehn Jahre alt,
       als er sein Studium abschloss.
    5. Er war neunzehn Jahre alt,
       als er seine eigene Firma gründete.
    6. Er war fünfundzwanzig Jahre alt,
       als er Millionär war.
    7. Er war sechsundzwanzig Jahre alt,
       als er sein erstes Patent anmeldete.
    8. Er war siebenundzwanzig Jahre alt,
       als er heiratete und Zwillinge bekam.
    9. Er war neunundzwanzig Jahre alt,
       als seine Firma Bankrott ging.
   10. Er war dreißig Jahre alt,
       als er seinen Besitz verkaufte
       und von vorne begann.

Ü3   2. Seit 3. während 4. bis 5. Während
    6. Bis 7. seit 8. Während 9. Bis
    10. Während

Ü4   2. Trinken Sie ein Glas Wasser,
       bevor Sie essen.
    3. Gehen Sie etwas spazieren,
       nachdem Sie lange am Schreibtisch
       gesessen haben.
    4. Vermeiden Sie langes Fernsehen,
       bevor Sie schlafen gehen.
    5. Ruhen Sie sich eine halbe Stunde aus,
       nachdem Sie zu Mittag gegessen haben.
    6. Vergessen Sie nicht Ihre Zähne
       zu putzen, nachdem Sie gegessen haben.
    7. Cremen Sie sich gut ein,
       bevor Sie ein Sonnenbad nehmen.
    8. Schnappen Sie etwas frische Luft,
       nachdem Sie lang in geschlossenen
       Räumen gesessen haben.

Ü5   2. Bevor ich einen neuen kaufe,
       muss ich mich erst mal beraten lassen.
    3. Im Computergeschäft schaue ich mir
       die neuesten Modelle an, während
       der Verkäufer noch mit anderen Kunden
       beschäftigt ist.
    4. Als er fertig ist, kommt er zu mir.
    5. Bevor er ins Lager geht und mir
       einen Computer holt, fragt er mich
       nach meinen Wünschen. /
       Nachdem er mich nach meinen Wünschen
       gefragt hat, geht er ins Lager
       und holt mir einen Computer.

    6. Bis er zurückkommt, probiere ich
       schon mal ein Modell aus.
    7. Als er zurückkommt, teilt er mir mit,
       dass der Computer leider bestellt
       werden muss.
    8. Bis der Computer endlich da ist,
       kann es eine Woche dauern, meint er.
    9. Während ich noch überlege,
       klingelt mein Handy: Es ist Martin.
   10. Er will mir seinen Computer leihen,
       bis der neue schließlich da ist.

H.1.b *Klar, wenn ich das nächste Mal gehe,*
kommst du mit.

Ü6   2. e 3. h 4. b 5. a 6. j
    7. g 8. i 9. d 10. c

    2. Wenn ich mich aus meiner Wohnung
       ausgeschlossen habe, hole ich einen
       Schlüsseldienst.
    3. Wenn ich Besuch bekomme, aber nichts
       zu essen zu Hause habe, rufe ich den
       Pizzaservice an.
    4. Wenn es Sonntag ist und ich dringend Milch
       brauche, fahre ich zur Tankstelle und kaufe
       dort Milch.
    5. Wenn der Strom ausfällt, benutze ich
       Kerzen.
    6. Wenn ich nach Berlin fahren will, aber
       nur wenig Geld habe, fahre ich mit der
       Mitfahrzentrale.
    7. Wenn ich ein WG-Zimmer suche,
       hänge ich einen Zettel ans Schwarze
       Brett in der Uni.
    8. Wenn ich neue Leute kennen lernen
       möchte, gehe ich jeden Abend in eine
       andere Kneipe.
    9. Wenn ich einen Kochkurs machen will,
       buche ich einen Kurs an der Volkshoch-
       schule.
   10. Wenn ich mit anderen in den Bergen
       wandern gehen will, melde ich mich
       beim Alpenverein an.

Ü7   2. Wenn ich dir Geld leihen soll, dann
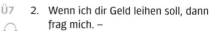
       frag mich. –
       Wenn ich Geld brauche, frage ich dich.
    3. Kommst du am Nachmittag mit zum
       Spazierengehen? –
       Wenn ich Lust habe, komme ich mit zum
       Spazierengehen.
    4. Möchten Sie dann stattdessen morgen
       zu Frau Doktor kommen? –
       Wenn Sie keinen anderen Termin haben,
       dann komme ich morgen.

5. Sollen wir mal am Wochenende
telefonieren? –
Wenn ich am Wochenende nicht weg bin,
können wir mal telefonieren.
6. Könntest du heute mal einkaufen gehen? –
Wenn ich früher nach Hause komme,
gehe ich einkaufen.
7. Magst du später noch auf ein Glas Wein
bei mir vorbeikommen? –
Wenn ich nicht müde bin, komme ich später
noch bei dir vorbei.
8. Kommst du am Freitagabend mit,
eine Runde schwimmen? –
Wenn ich am Freitagabend noch Energie
habe, komme ich mit, eine Runde
schwimmen.
9. Kommst du am Samstag mit in die Berge? –
Wenn das Wetter gut ist, komme ich am
Samstag mit in die Berge.
10. Kannst du mir bei den Vorbereitungen
für das Geburtstagsfest helfen? –
Wenn ich nichts anderes tun muss,
kann ich dir bei den Vorbereitungen
für das Geburtstagsfest helfen.

H.1.c *Ja, ja, ich helfe dir gleich, obwohl im Fernsehen
eigentlich gerade die Sportschau läuft.*

Ü8 2. Obwohl er verheiratet ist,
tanzt er mit einer anderen Frau.
3. Sie kommen immer zu spät,
obwohl ich schon mehrmals gesagt habe,
dass das unhöflich ist.
4. Wir bekommen nie einen guten
Platz im Kino,
weil wir immer spät dran sind.
5. Ich fahre nie in Urlaub,
weil ich es zu Hause einfach am
schönsten finde.
6. Sie kommt nie zu Besuch,
weil sie weit weg wohnt.
7. Sie raucht, obwohl es der Arzt verboten hat.
8. Er geht mit seiner Frau in den Tanzkurs,
obwohl er tanzen hasst.

Ü9 3. Kommst du mit in die Disko?
Ich weiß, du kannst laute Musik nicht
ausstehen. –
Na gut, ich komme mit, obwohl ich laute
Musik wirklich nicht ausstehen kann.
4. Spielst du mit uns Karten? Ich weiß,
du spielst nicht gern. –
Nein, ich spiele nicht mit euch Karten,
weil ich wirklich nicht gern spiele.

5. Willst du dir nicht das blaue Hemd kaufen?
Ich weiß, blau ist nicht deine
Lieblingsfarbe. –
Na gut, ich kaufe mir das blaue Hemd,
obwohl blau wirklich nicht meine
Lieblingsfarbe ist.
6. Tauschst du mit mir den Platz? Ich weiß,
du sitzt nicht gern am Fenster. –
Na gut, ich tausche mit dir den Platz,
obwohl ich wirklich nicht gern am
Fenster sitze.
7. Willst du den Rest vom Kuchen essen?
Ich weiß, du magst Süßes nicht so gern. –
Nein, ich will den Rest vom Kuchen nicht
essen, weil ich Süßes wirklich nicht so
gern mag.
8. Willst du morgen nicht jemanden zu
deinem Geburtstag einladen? Ich weiß,
du feierst nicht gern. –
Nein, ich will morgen niemanden zu
meinem Geburtstag einladen, weil ich
wirklich nicht gern feiere.
9. Willst du nicht mal von der Suppe
probieren?
Ich weiß, du magst Scharfes nicht. –
Na gut, ich probiere mal von der Suppe,
obwohl ich Scharfes wirklich nicht mag.
10. Sollen wir nicht mal wieder ausgehen?
Ich weiß, du bist nicht gern unter Leuten. –
Nein, ich will nicht ausgehen, weil ich
wirklich nicht gern unter Leuten bin.

H.2. *Ich wollte nicht dieses Brot, sondern das
andere dort.*

Ü10 (1) weder – noch   (2) nicht – sondern
(3) nicht – sondern   (4) weder – noch

Aufzählung (positiv): sowohl ... als auch

Aufzählung (negativ): weder ... noch

Alternative/Wahl: entweder ... oder

Ersatz: nicht ... sondern

Ü11 (2) nicht – sondern   (3) weder – noch
(4) sowohl – als auch   (5) sowohl – als auch
(6) entweder – oder   (7) sowohl – als auch
(8) nicht – sondern

Ü12 2. Ich habe weder Zeit noch Geld, in Urlaub zu fahren.

     3. Du kannst es dir aussuchen:
Wir können entweder draußen oder drinnen sitzen.

     4. Sie kann weder gut auf Englisch schreiben noch frei sprechen.

     5. Ich habe mich nun endlich entschieden.
Ich möchte nicht das blaue Kleid, sondern das rote.

     6. Ich sage es dir jetzt zum letzten Mal:
Entweder du räumst deine Sachen vom Esstisch, oder ich werfe sie in den Mülleimer.

Ü13 2. Erledigst du heute den Papierkram oder morgen? –
Ich erledige ihn entweder heute oder morgen.

     3. Gehst du mit den Kollegen zum Mittagessen oder alleine? –
Ich gehe nicht mit den Kollegen, sondern alleine.

     4. Möchtest du lieber einen Apfel oder eine Banane? –
Ich möchte sowohl einen Apfel als auch eine Banane.

     5. Kommst du heute zu Mittag oder am Abend nach Hause? –
Ich komme nicht zu Mittag, sondern am Abend nach Hause.

     6. Fahren wir dieses Jahr im Sommer oder im Winter in Urlaub? –
Wir fahren sowohl im Sommer als auch im Winter in Urlaub.

     7. Fragst du heute oder morgen deinen Chef wegen der Urlaubstage? –
Ich frage meinen Chef entweder heute oder morgen.

     8. Möchtest du lieber beim Chinesen oder beim Italiener essen? –
Ich möchte weder beim Chinesen noch beim Italiener essen.

     9. Welches Kleid gefällt dir besser: das blaue oder das grüne? –
Mir gefällt sowohl das blaue als auch das grüne Kleid.

   10. Wen findest du besser: George Clooney oder Brad Pitt? –
Ich mag weder George Clooney noch Brad Pitt.

H.3. *Wissen Sie, ob es hier einen Bus in die nächste Stadt gibt?*

Die indirekte Frage
... beginnt mit einem Einleitungssatz.
... ist ein Nebensatz.
... beginnt mit einem Fragewort als Konnektor oder *ob*.
... endet mit dem Satzzeichen, das der Hauptsatz braucht.

Ü14 3. ..., ob Sie ein normales Einzelzimmer oder ein Zimmer mit einem französischen Bett möchten, ... / ..., warum Sie mir ein Zimmer zur Straße gegeben haben – ...

     4. ..., ob Sie ein Zimmer mit Bergblick wünschen! / ..., ob Ihr Direktor zu sprechen ist.

     5. ..., ob Sie Ihr Zimmer tauschen oder abreisen möchten. / ..., was für ein Angebot er mir macht.

Ü15 *Die Satzanfänge aus dem Schüttelkasten sind immer richtig, egal welchen Sie gewählt haben!*

     2. ..., wann die meisten Studiengänge beginnen?

     3. ..., wie lange das Wintersemester an den Hochschulen in Deutschland dauert?

     4. ..., ob man in Deutschland Studiengebühren bezahlen muss?

     5. ..., ob man in einer Vorlesung oder einem Seminar mit den Professoren diskutieren darf?

     6. ..., ob es in Deutschland auch Studiengänge auf Englisch gibt?

     7. ..., wie gut man Deutsch sprechen muss, um in Deutschland studieren zu können?

     8. ..., wo ein Ausländer an einer deutschen Universität Beratung oder Unterstützung bekommen kann?

     9. ..., ob man ein Zimmer in einem Studentenwohnheim mieten kann?

Ü16 2. Gibt es ein Taxi zum Flughafen? – Ich habe leider auch keine Ahnung, ob es ein Taxi zum Flughafen gibt.

     3. Ist es günstiger mit dem Bus zu fahren? – Ich habe leider auch keine Ahnung, ob es günstiger ist mit dem Bus zu fahren.

     4. Wie lange braucht man mit dem Taxi zum Flughafen? – Ich habe leider auch keine Ahnung, wie lange man mit dem Taxi zum Flughafen braucht.

     5. Wann geht unser Flugzeug? – Ich habe leider auch keine Ahnung, wann unser Flugzeug geht.

6. Sind am Check-In-Schalter immer lange Warteschlangen? – Ich habe leider auch keine Ahnung, ob am Check-In-Schalter immer lange Warteschlangen sind.
7. Muss man bei der Sicherheitskontrolle lange warten? – Ich habe leider auch keine Ahnung, ob man bei der Sicherheitskontrolle lange warten muss.
8. Ist der Flug nur mit Handgepäck oder darf man einen Koffer mitnehmen? – Ich habe leider auch keine Ahnung, ob der Flug nur mit Handgepäck ist oder ob man einen Koffer mitnehmen darf.
9. Wie lange dauert der Flug? – Ich habe leider auch keine Ahnung, wie lange der Flug dauert.
10. Gibt es diesmal eine Zwischenlandung in Dubai? – Ich habe leider auch keine Ahnung, ob es eine Zwischenlandung in Dubai gibt.
11. Was weißt du eigentlich? – Ich habe leider auch keine Ahnung, was ich eigentlich weiß.

H.4.a *Ich muss versuchen, einen guten Eindruck zu machen!*

Ü17 2. l 3. a 4. h 5. j 6. b 7. i
8. c 9. g 10. f 11. k 12. e

Der Infinitiv mit *zu* ...
...steht nach Nomen + *haben*. (Dann hat er nicht das Gefühl, einsam zu sein.)
... steht nach *es ist* + Adjektiv/Partizip Perfekt/ Nomen. (Es ist wichtig, in der neuen Umgebung schnell viele Kontakte zu haben.)
... steht nach Verben, die ein Ende oder einen Anfang ausdrücken. (Aber ab 20 Uhr muss er aufhören Bilder aufzuhängen.)
... steht nach Verben, die eine Erlaubnis oder ein Verbot ausdrücken. (Die Hausverwaltung hat verboten, nach 20 Uhr Lärm zu machen.)
... steht nach Verben, die eine Absicht aus-drücken. (Deshalb plant er eine Stadtfüh-rung zu buchen.)
... steht nach Verben, die ein Gefühl aus-drücken. (Er freut sich auch darauf, seine neuen Arbeitskollegen kennenzulernen.)

Der Infinitiv ohne *zu* ...
... steht nach Modalverben. (Er möchte auch möglichst schnell die Stadt entdecken.)
... steht nach dem Hilfsverb werden. (Sicherlich wird er auch bald im Haus seine neuen Nachbarn kennenlernen.)

... steht nach bestimmten Verben wie *sehen/ hören/lassen/bleiben/gehen/helfen/lernen*. (Die Wände in der neuen Wohnung lässt er von einem Maler weiß streichen.)

Ü18 2. Ich hoffe, schnell eine kleine Wohnung zu finden.
3. Zuerst muss ich die TestDaF-Prüfung bestehen.
4. Aber ich habe keine Angst, die Prüfung nicht gut zu schaffen.
5. Zum Wintersemester fange ich an, Informatik zu studieren.
6. Das Studium wird sicherlich nicht einfach werden.
7. Trotzdem versuche ich, einen guten Abschluss zu machen.
8. Ich habe den Plan, einmal die Firma meines Vaters zu übernehmen.
9. Zum Glück lässt mein Vater mich zuerst in Ruhe studieren.

H.4.b *Ich hoffe, dich bald wiederzusehen!*

Ü19 2. Ich hoffe, die Führerscheinprüfung zu bestehen.
3. Er beschließt, für drei Jahre ins Ausland zu gehen.
4. Ich freue mich darauf, dich am Wochenende zu sehen.
5. Ich glaube mit meiner Bachelor-Arbeit bald fertig zu sein.
6. Mein Mann und ich haben vor, im nächsten Urlaub eine Reise durch die USA zu machen.
7. Du musst damit aufhören, jeden Tag eine Schachtel Zigaretten zu rauchen!
8. In den Bergen versuche ich jedes Mal wieder, keine Angst vor der Höhe zu haben – aber es klappt nicht ...
9. Mein Sohn träumt davon, einmal ein berühmter Schauspieler zu werden

Ü20 2. ..., um besser Englisch zu verstehen.
3. ..., damit die Schüler nicht so schnell müde werden.
4. ..., um sie oft zu sehen und sie sich dadurch schneller merken zu können.
5. ..., damit sie vieles ausprobieren können.
6. ..., damit man versteht, was richtig ist und was nicht.
7. ..., damit sie in aller Ruhe Sätze konstruieren und neue Wörter ausprobieren können.

Ü21

2. Edith gibt nie Geld für sich aus. Ihre Kinder sollen es einmal besser haben. – Was? Nur, damit ihre Kinder es einmal besser haben?

3. Benjamin lernt Tag und Nacht. Er will der Klassenbeste sein. – Was? Nur, um der Klassenbeste zu sein?

4. Hillary will unbedingt im September nach München fliegen. Sie will aufs Oktoberfest gehen. – Was? Nur, um aufs Oktoberfest zu gehen?

5. Ich lerne Deutsch, weil mein Mann Deutscher ist. Dann kann ich auch mit meinen Schwiegereltern sprechen. – Was? Nur, um mit deinen Schwiegereltern zu sprechen?

6. Ich arbeite schon seit Tagen an meinem Auto. Wenn ich es schaffe, dann fährt es bald ein bisschen schneller. – Was? Nur, damit dein Auto ein bisschen schneller fährt?

7. Ich bin zwar Vegetarierin, aber ich koche immer mit Fleisch. Sonst schmeckt es meinem Mann nicht. – Was? Nur, damit es deinem Mann schmeckt?

8. Hermann hat inzwischen zwei Nebenjobs, weil er sich sonst sein teures Hobby nicht leisten kann. Er spielt Golf! – Was? Nur, um Golf zu spielen?

9. Viele Bergsteiger riskieren am Ende einer Tour ihr Leben. Sie wollen unbedingt am Gipfelkreuz stehen. – Was? Nur, um am Gipfelkreuz zu stehen?

H.4.c *Du brauchst nicht die Küche aufzuräumen, ich mache das.*

Ü22 2. Du brauchst nur noch den Mantel zur Reinigung zu bringen.

3. Du brauchst nur noch die Blumen auf dem Fensterbrett zu gießen.

4. Sie braucht sie nicht mehr zu bügeln.

5. Ihr braucht es nur noch aufzuwärmen.

6. Fritz brauchst du nach dem Essen nur noch ins Bett zu bringen.

7. Mit dem Hund brauchst du nicht Gassi zu gehen.

8. Du brauchst nicht auf mich zu warten.

9. Du brauchst mich nur anzurufen.

Ü23 2. Was? Du möchtest schon wieder Geld von mir? – Du brauchst mir kein Geld zu geben!

3. Ich habe wirklich keine Lust, in die Oper mitzugehen! – Du brauchst nicht mitzugehen!

4. Frau Müller bleibt heute schon wieder länger im Büro, um Ihnen zu helfen. – Sie braucht nicht länger im Büro zu bleiben!

5. Komm, es ist schon so spät. Ich fahre dich heim. – Du brauchst mich nicht heimzufahren!

6. Wenn ich später Zeit habe, schaue ich mir deine Seminararbeit an. – Du brauchst sie nicht anzuschauen!

7. Wenn Max nach Hause kommt, hilft er dir. – Er braucht mir nicht zu helfen!

8. Warum machst du das? Ich kann dich wirklich nicht verstehen. – Du brauchst mich nicht zu verstehen.

9. Warte noch ein bisschen, dann kann dich Jakob dich abholen. – Er braucht mich nicht abzuholen!

10. Ich kann dir gleich zuhören, einen kleinen Moment noch! – Du brauchst mir nicht zuzuhören!

H.5.a *Schau mal, das ist der Mann, dem seit letztem Monat unsere Firma gehört.*

Ü24 (1) mit der (2) den, der (3) die, denen (4) das, in das (5) von dem

Nominativ: der, die, das, die
Akkusativ: den, die, das, die
Dativ: dem, der, dem, denen

Ü25 (2) die (3) die (4) der (5) das (6) die (7) der (8) dem (9) denen (10) den (11) dem

Ü26 2. Diese Frau ist meine Traumfrau. – Und wer ist diese Frau, die deine Traumfrau ist?

3. Dieses Projekt muss ich unbedingt bekommen! – Und was ist dieses Projekt, das du unbedingt bekommen musst?

4. Diesem Mädchen würde ich die Sterne vom Himmel holen! – Und wer ist dieses Mädchen, dem du die Sterne vom Himmel holen würdest?

5. Mein neuer Nachbar sieht so gut aus – ich würde ihn sofort heiraten! – Und wer ist dieser Nachbar, den du sofort heiraten würdest?

6. Ich werde meinen Freunden mein altes Auto schenken, sie brauchen eins. – Und wer sind deine Freunde, denen du dein altes Auto schenken wirst?

7. Meiner besten Freundin kann man wirklich alles erzählen. – Und wer ist deine beste Freundin, der man alles erzählen kann?

8. Stell dir vor, ich habe einen neuen Freund! Ich habe ihn gestern auf einer Party kennengelernt. – Und wer ist dein neuer Freund, den du gestern auf einer Party kennengelernt hast?

9. Ich mag solche Leute nicht. Man kann ihnen nie etwas glauben. – Und wer sind solche Leute, denen man nie etwas glauben kann?

H.5.b *Das ist eine Frau, von der man nur träumen kann!*

Ü27   2. h   3. a   4. j   5. b   6. c
7. f   8. g   9. i   10. e

Ü28   2.   ... Klassenbester, von dem ich in Mathematik immer abgeschrieben habe.
3.   ... Ella, mit der ich früher fast jeden Nachmittag verbracht habe, freue ...
4.   ... Bella, für die sich alle Jungen der ganzen Schule interessiert haben, wird ...
5.   ... Konrad, über den immer alle gelacht haben, Manager ...
6.   ... Klassensprecher, für den jedes Jahr immer die ganze Klasse gestimmt hat.
7.   ... Gerhard, in den ich einmal so schrecklich verliebt war, kommt ...
8.   ... Schweighofer, mit dem wir uns alle sehr gut verstanden haben, wollte ...
9.   ... Abend, von dem ich dir alles erzählen werde!

Ü29   2. Das ist mein Mann. Wir mussten heute Morgen leider so lange auf ihn warten. – Darf ich Ihnen meinen Mann vorstellen, auf den wir heute Morgen leider so lange warten mussten?
3. Das sind Linus und Malte. Ich habe von ihnen für unsere Werbekampagne viele Fotos gemacht. – Darf ich Ihnen Linus und Malte vorstellen, von denen ich für unsere Werbekampagne so viele Fotos gemacht habe?
4. Das ist mein Professor, Herr Hoffmann. Ich habe bei ihm meine Doktorarbeit geschrieben. – Darf ich Ihnen meinen Professor, Herrn Hoffmann, vorstellen, bei dem ich meine Doktorarbeit geschrieben habe?
5. Das sind meine Kolleginnen Frau Schiller und Frau Kleist. Ich habe schon mit ihnen zusammen studiert. – Darf ich Ihnen meine Kolleginnen Frau Schiller und Frau Kleist vorstellen, mit denen ich schon zusammen studiert habe?

6. Das ist meine Schwester Christine. Ich habe mich schon so auf sie gefreut. – Darf ich Ihnen meine Schwester Christine vorstellen, auf die ich mich schon so gefreut habe?

7. Das ist mein Neffe Julius. Ich habe mich die letzten Monate um ihn gekümmert. – Darf ich Ihnen meinen Neffen Julius vorstellen, um den ich mich die letzten Monate gekümmert habe?

8. Das ist mein Freund Michael. Ich habe bei ihm Klavierunterricht. – Darf ich Ihnen meinen Freund Michael vorstellen, bei dem ich Klavierunterricht habe?

H.5.c *Stell dir vor, unser Nachbar, dessen Tochter einen Italiener geheiratet hat, zieht jetzt auch nach Italien!*

Ü30   2. h   3. a   4. g   5. d   6. f   7. c   8. b

2. Das Gebirge, dessen höchster Berg der Mont Blanc ist, erstreckt sich über acht Länder.
3. Das Meer, dessen Grenze im Westen Großbritannien ist, ist der nördlichste Punkt von Deutschland.
4. Der Naturpark, in dessen Wäldern viele seltene Tier- und Pflanzenarten leben, grenzt im Nordosten an Tschechien.
5. Die Insel, in deren berühmtem Garten sogar tropische Pflanzen wachsen, liegt im Bodensee.
6. Diese Stadt, deren Name als Sitz der Europäischen Zentralbank weltweit bekannt ist, hat die meisten Hochhäuser in Deutschland.
7. Der Fluss, dessen wichtigste Touristenattraktion der Lorelei-Felsen ist, ist der bekannteste Fluss Deutschlands.
8. Die sogenannten neuen Bundesländer, deren größtes Brandenburg ist, lagen früher in der DDR.

Ü31   2. Jetzt fällt mir der Name von der jungen Frau nicht mehr ein ... – Meinst du die, deren Auto so unglaublich pink ist?
3. Kennst du dieses eine Mädchen ... – Meinst du das, deren Eltern wie Großeltern aussehen?
4. Hast du eigentlich diese Leute gesehen ... – Meinst du die, deren Flyer überall auf den Straßen herumliegen?
5. Ich finde mein Buch nicht mehr ... – Meinst du das, dessen Einband so schmutzig ist?
6. Wie heißt denn nur diese Blume ... – Meinst du die, deren Blüten so wunderbar duften?

7. Hast du schon die neue Ausgabe von dieser einen Zeitung gelesen ... – Meinst du die, deren Kommentare immer so besonders gut sind?

8. Gibt es eigentlich diese Äpfel wieder ... – Meinst du die, deren Schale ganz gelb ist?

9. Hast du meinen Lieblingspullover gesehen? – Meinst du den, dessen Ärmel schon ganz zerrissen sind?

10. Ich habe gestern einen alten Freund wiedergetroffen ... – Meinst du den, dessen Briefe immer so romantisch waren?

H.5.d *Ja, Ilovic heißt die Insel, wo ich geboren bin.*

Ü32 2. etwas, was 3. Stadt Köln, wo 4. das, was 5. das Schönste, was 6. alles, was 7. Man kann sich eine ganze Rundreise zusammenstellen, was 8. nichts, was

Demonstrativpronomen: Von allen Sehenswürdigkeiten ... ist der Kölner Dom das, was die meisten Touristen besichtigen.

Indefinitpronomen: Das ist etwas, was allgemein bekannt ist.

Superlativ: Der Kölner Dom ist das Schönste, was ich in meinem Leben gesehen habe.

ganzer Satz: Man kann sich eine ganze Rundreise zusammenstellen, was sich im Rheinland besonders gut realisieren lässt.

Ü33 2. So ein langes Seminar ... Findest du die Präsentationen gut? – Ja, die Präsentationen sind das, was ich gut finde.

3. Regt dich sein Verhalten auf? – Ja, sein Verhalten ist etwas, was mich aufregt.

4. Hast du noch mehr Geld? – Nein, das ist alles, was ich habe.

5. Ärgert dich das sehr? – Nein, das ist nichts, was mich ärgert.

6. Hast du in deinem Leben schon einmal so etwas Schönes gesehen? – Nein, das ist das Schönste, was ich in meinem Leben gesehen habe.

7. Möchtest du einmal in Chile Urlaub machen? – Ja, Chile ist ein Land, wo ich einmal Urlaub machen möchte.

8. Wollen wir den Tag am See verbringen? – Ja, der See ist ein Ort, wo ich den Tag verbringen will.

9. Gefallen dir diese Reality-Shows nicht? – Nein, das ist nichts, was mir gefällt.

10. Magst du Computerspiele? – Ja, das ist etwas, was ich mag.

I.1. *Leider spiele ich nicht Tennis.*

Ü34 (2) Eine Welt ohne Computer oder Smartphones kann man sich heute <u>nicht</u> vorstellen.

(3) Jeder zweite Erwachsene surft damit <u>nicht</u> nur zu Hause im Internet, sondern auch unterwegs.

(4) Viele können sich <u>nicht</u> an die Zeit erinnern, wenn man ganz schnell noch eine Fahrkarte brauchte, die Schalter aber <u>nicht</u> offen waren, weil es Sonntag war oder schon nach 18 Uhr.

(5) Das ist aber <u>nicht</u> alles.

(6) Wenn man an seinem Zielbahnhof <u>nicht</u> das eigene Auto zur Verfügung hat, ...

(7) Es soll ja Leute geben, die inzwischen den Zug <u>nicht</u> als Verkehrsmittel nutzen ...

2. Eine Welt ohne Computer oder Smartphones kann man sich heute nicht vorstellen.

3. Wenn man an seinem Zielbahnhof nicht das eigene Auto zur Verfügung hat, kann man sich ...

4. Viele erinnern sich nicht an die Zeit, wenn man noch schnell eine Fahrkarte brauchte ...

5. Jeder zweite Erwachsene surft damit nicht nur zu Hause im Internet, ...

6. ..., die Schalter aber nicht offen waren, weil es Sonntag war oder schon nach 18 Uhr.

7. Das ist aber nicht alles.

8. Es soll ja Leute geben, die den Zug inzwischen nicht als Verkehrsmittel nutzen, ...

Ü35 2. Deswegen müssen sie aber nicht aufs Land ziehen. *(Regel 4 oder 5)*

3. Die Idee mit den Mikrowohnungen gab es bis jetzt nicht. *(Regel 1)*

4. Die 23-Quadratmeter-Wohnungen gefallen nicht allen. *(Regel 7)*

5. Außerdem sind sie auch nicht billig. *(Regel 6)*

6. Die Wohnungen sind nicht für lange Zeit gedacht. *(Regel 4)*

7. Nicht nur Studenten fühlen sich darin wohl. *(Regel 8)*

8. Die Idee stammt nicht aus Deutschland. *(Regel 4 oder 5)*

9. In China ist dieses Konzept nicht neu. *(Regel 6)*

10. Viele Experten bezweifeln nicht, dass die Deutschen die Wohnidee annehmen werden. *(Regel 1)*

Ü36
2. Kann Jakob Russisch? –
Nein, er kann nicht Russisch.
3. Wohnen Julia und Martin zu Hause? –
Nein, Julia und Martin wohnen nicht zu Hause.
4. Ist Jakob sportlich? –
Nein, Jakob ist nicht sportlich.
5. Weiß Maria alle Hauptstädte auswendig? –
Nein, Maria weiß nicht alle Hauptstädte auswendig.
6. Sprechen Julia und Martin viel über die Arbeit? –
Nein, Julia und Martin sprechen nicht viel über die Arbeit.
7. Fährt Jakob Auto? –
Nein, Jakob fährt nicht Auto.
8. Interessieren sich Julia und Martina für Politik? –
Nein, Julia und Martin interessieren sich nicht für Politik.
9. Hat Maria im Ausland studiert? –
Nein, Maria hat nicht im Ausland studiert.
10. Träumt Jakob von einer Weltreise? –
Nein, Jakob träumt nicht von einer Weltreise.

Ü37
2. Die Journalisten mögen ihn nicht.
3. Er ist nicht der beste Musiker.
4. Seine Texte sind nicht besonders originell.
5. Er hat nicht viel Erfolg.
6. Er ist nicht der coolste deutsche Rockstar aller Zeiten.
7. Seine Konzerte dauern nicht drei Stunden.
8. Er mag sein Publikum nicht.
9. Er ist nicht nach Amerika gegangen, um seine Karriere voranzutreiben.
10. Er wohnt nicht in einer Luxusvilla in Berlin.

Ü38
2. Hat man Ihnen Ihre neuen Kollegen vorgestellt? –
Nein, leider hat man mir meine neuen Kollegen nicht vorgestellt.
3. Kennen Sie Frau Müller, die Sekretärin? –
Nein, leider kenne ich Frau Müller nicht.
4. Haben Sie sich um Ihren Dienstausweis gekümmert? –
Nein, leider habe ich mich nicht um meinen Dienstausweis gekümmert.
5. Haben Sie Ihr Auto in der Tiefgarage geparkt? –
Nein, leider habe ich mein Auto nicht in der Tiefgarage geparkt.
6. Rauchen Sie auch? –
Nein, leider rauche ich nicht.

7. Arbeiten Sie schon lange in dem Bereich? –
Nein, leider arbeite ich nicht lange in dem Bereich.
8. Haben Sie sich in der neuen Stadt gut eingelebt? –
Nein, leider habe ich mich in der Stadt nicht gut eingelebt.
9. Bleiben Sie für drei Jahre in der Firma? –
Nein, leider bleibe ich nicht für drei Jahre in der Firma.
10. Sind Sie heute Abend frei für einen Willkommensdrink? –
Nein, leider bin ich heute Abend nicht frei für einen Willkommensdrink.

I.2. *Ja, ich habe sie ihr schon vorgelesen.*

Ü39
(2) es ihr   (3) sich die Zahl, sie
(4) einen Hochschulabschluss, ihnen eine neue Chance
(5) Einigen traditionellen Professoren
(6) Sie, sich
(7) sie den Jugendlichen ein Studium

Wenn die Ergänzungen Pronomen sind, kommt zuerst die Akkusativ- und dann die Dativergänzung.

Wenn eine Ergänzung ein Pronomen und die andere Ergänzung ein Nomen ist, kommt erst das Pronomen, dann das Nomen.

Ü40
2. Die Mutter hat *es* ihnen erzählt.
3. Ich weiß nicht, ob sie *mir* etwas zu Weihnachten schenkt.
4. Ich hatte immer Angst, *euch die Nachricht* zu schreiben.
5. Warum erklärt *ihm* niemand *die Aufgabe*?
6. Warum soll man *ihm* nicht alles glauben?
7. Hat sie *euch* nichts geschenkt?
8. Wann willst du es *mir* zurückgeben?
9. Es ist Zeit, *es ihm* endlich zu zeigen.
10. Der Termin passt *uns* leider gar nicht.

Ü41
2. Hat er ihm das rote Fahrrad geliehen?
3. Hat er dir den goldenen Ring versprochen?
4. Hat er ihn ihm zurückgegeben?
5. Hat er ihn den Kindern weggenommen?
6. Hat der kleine Junge ihnen das Abenteuer erzählt?
7. Liefert sie sie ihnen pünktlich?
8. Hat sie sich mit ihm getroffen?
9. Hat die Touristen-Information es den Leuten empfohlen?
10. Hat er es ihm verschrieben?

Ü42
28

2. Haben Sie schon eine Auslandsversicherung beantragt? –
   Ja, ich habe sie schon beantragt.
3. Haben Sie schon alle Unterlagen eingereicht? –
   Ja, ich habe sie schon eingereicht.
4. Haben Sie schon den Umzug mit den Freunden organisiert? –
   Ja, ich habe ihn mit ihnen organisiert.
5. Haben Sie schon allen Behörden Ihre neue Adresse mitgeteilt? –
   Ja, ich habe sie ihnen schon mitgeteilt.
6. Haben Sie sich schon eine Fahrkarte gekauft? –
   Ja, ich habe mir schon eine gekauft.

7. Haben Sie Ihrer Vertrauensperson Vollmachten gegeben? –
   Ja, ich habe sie ihr gegeben.
8. Haben Sie Ihren Koffer gepackt? –
   Ja, ich habe ihn gepackt.
9. Haben Sie das nötige Bargeld abgehoben? –
   Ja, ich habe es abgehoben.
10. Haben Sie sich schon von Ihren Freunden und Verwandten verabschiedet? –
    Ja, ich habe mich von ihnen verabschiedet.

Phonetik

P.1.

Ü2
30

2. Tante 3. kleben 4. prüfen 5. Kunst
6. Pech 7. trinken 8. tanken 9. kaufen
10. Kasse

k, t, p

Ü3
32

Die Explosivlaute werden am Wortanfang härter ausgesprochen als in der Wortmitte.

P.2.a

Ü6
37

stimmhaft: 2, 5, 6
stimmlos: 3, 4, 7, 8, 9, 10

stimmhaft: am Wortanfang vor einem Vokal, zwischen zwei Vokalen

stimmlos: am Wortende,
am Wortanfang vor einem Konsonanten,
vor oder nach einem Konsonanten

P.2.b

Ü8
39

1. zehn plus zweiundzwanzig ist zweiunddreißig
2. fünfzehn plus siebzehn ist zweiunddreißig
3. zwölf plus dreizehn ist fünfundzwanzig
4. siebenundzwanzig plus zweiundvierzig ist neunundsechzig
5. sechzehn plus zweiundsiebzig ist achtundachtzig

P.3.

Ü11
43

w: 3, 4, 6, 9, 10
b: 2, 5, 7, 8, 11